语言表达能力训练

主　编　张　鑫
副主编　卢冬明　佟　欣

西南交通大学出版社
·成　都·

图书在版编目（CIP）数据

语言表达能力训练/张鑫主编. —成都：西南交通大学出版社，2011.2（2017.9 重印）
ISBN 978-7-5643-1067-7

Ⅰ. ①语… Ⅱ. ①张… Ⅲ. ①表达（语言学）－高等学校：技术学校－教材 Ⅳ. ①H0

中国版本图书馆 CIP 数据核字（2011）第 016990 号

语言表达能力训练
主编 张 鑫

责 任 编 辑	万 方
特 邀 编 辑	王海云 顾 飞
封 面 设 计	何东琳设计工作室
出 版 发 行	西南交通大学出版社 （四川省成都市二环路北一段 111 号 　西南交通大学创新大厦 21 楼）
发 行 部 电 话	028-87600564　87600533
邮 政 编 码	610031
网　　　　址	http://www.xnjdcbs.com
印　　　　刷	成都蓉军广告印务有限责任公司
成 品 尺 寸	170 mm×230 mm
印　　　　张	8.625
字　　　　数	154 千字
版　　　　次	2011 年 2 月第 1 版
印　　　　次	2017 年 9 月第 5 次
书　　　　号	ISBN 978-7-5643-1067-7
定　　　　价	18.00 元

图书如有印装质量问题　本社负责退换
版权所有　盗版必究　举报电话：028-87600562

前 言

职场的竞争，某种意义上是口才的竞争。21世纪，竞争激烈，机遇和风险并存。实力当然必不可少，但交际也相当重要。交际离不开演讲与口才，尤其是当众讲话能力，是获得社会认同、上司赏识、下属拥戴、同事喜欢、朋友帮助的必要条件，如果紧张怯场、张口结舌、条理不清、缺乏感染力、说服力，你失去的将是"大把的"机会，留下的将是"串串的"遗憾。

讲话是一门艺术，也是一种技巧。既是技巧，就不是天生的，是可以经过训练而获得的。本教材将播音学、心理学、营销学、社交学、口才学的理论基础，融入礼仪、人际沟通、推销、表演等方面，进行基本功训练和讲话技巧训练，使学生敢说、会说、说得好。口才不是口若悬河，不是空洞无味的废话堆积，而是一个人综合能力的体现，比如智慧、胆量、学识、仪态等。通过语言表达能力的训练，帮助学生建立起自信，激发其潜能，面对各种场合，都能够思维流畅、谈吐适宜，从而带动学生整体素质的提升，这是本教材的价值所在。

作为职业教育院校，我们培养的目标是各行各业一线的高素质技能型人才，因此专业技能的教育与培养一直受到高度重视。然而，通过对近几年用人单位招聘条件的分析与研究，我们发现，人际交往与沟通能力、语言表达能力、合作精神、吃苦耐劳精神等非专业技术能力，赫然列在了用人单位招聘条件的前列，成为求职与就业成功的必要条件。教育研究机构也提出了对大学生进行"职业关键能力"的培养要求，而"语言表达能力"就在此之列。鉴于此，我院组织相关教师，开发了《语言表达能力》特色课程，本教材也是配合该特色课程而开发的特色教材之一。

本教材从当代大学生的需要与兴趣出发，采取任务驱动、行动导向的设计模式，以活动设计、角色参与为手段，旨在帮助大学生提高语言表达能力，提升大学生的形象，为学生成人、成才、就业、创业打下坚实的基础。

本教材分语言表达基础训练、语言表达技巧训练和职场语言应对训练三个模块。各模块之间呈现由外在到内在、由理论到实践、由简单到复杂的关系，符合学生的认知特点及交际场合的普遍规律。在每一个环节中都安排了大量的案例、活动设计和测试内容，使得学生的学习过程就是一种语言表达与沟通的实践过程。

本教材由张鑫主编，并编写前言及综合测试；佟新编写第一部分；卢东明编写第三部分；第二部分由大家共同编写完成。本书由张鑫统稿并定稿，付永生主审。

本教材编写中，除参考了列于书后的"参考书目"中的内容，还参考了其他书籍、报刊、网络文献等相关内容，由于篇幅有限，未能一一注明，在此，向已注明和未注明的作者一并表示谢意。

编写中我们虽竭尽全力，但错误与疏漏之处在所难免，恳请专家、同行及读者批评指正。

欢迎大家与我们联系（tsg2030@126.com）。

编　者

2010 年 12 月

目　　录

第一部分　语言表达基础训练 ·· 1

任务一　克服胆怯心理，敢于当众说话 ·································· 2
任务二　吐字清晰流畅，语音传情达意 ·································· 7
任务三　举止优雅大方，赢得听众青睐 ·································· 18
任务四　思维严密清晰，把握交流脉络 ·································· 22

第二部分　语言表达技巧训练 ·· 28

任务五　适应不同情境的语言表达技巧 ·································· 29
任务六　面对不同对象的语言表达技巧 ·································· 48
任务七　身处特殊环境的语言表达技巧 ·································· 59
任务八　人际交往常用语言表达技巧 ····································· 70

第三部分　职场语言应对训练 ·· 91

任务九　求职面试语言表达训练 ·· 92
任务十　职场中的自我介绍训练 ·· 96
任务十一　职场交往语言表达训练 ·· 107
任务十二　职业岗位、工作任务及专业产品的介绍训练 ················ 112
任务十三　会议、研讨等公众场合的发言与演说训练 ··················· 120

参考书目 ·· 132

第一部分　语言表达基础训练

 学习目标

【知识目标】

1. 掌握口语表达态势与克服心理恐惧的技巧。
2. 掌握发声发音与朗读技巧。
3. 掌握听话与说话技能。

【能力目标】

1. 通过训练，能够消除恐惧心理，增强信心，激发学生说话的潜能，使平时羞于开口、疏于听记的学生，能够克服心理和语言的障碍。
2. 正确发声发音，让学生逐步达到发音准确、响亮、流畅；运用普通话把书面语言清晰、响亮、富有感情地读出来。
3. 听话中，能够抓住中心，理解主旨，掌握层次，理清思路，记住主要内容；说话做到表意准确，语旨鲜明，态势得体。

【情感目标】

1. 能够运用准确鲜明的语言词汇，流畅自然的语音语调，大方得体的态势语言，完成与他人的交流与沟通。
2. 普通话语音正确，朗读时能读出音变、语调，有抑扬顿挫，情感表达正确。
3. 正确理解别人话语的含义，不至于曲解别人的意思；能准确地根据对方的心境表达，有针对性，说服力强，语言清晰、简练、流畅、幽默。

任务一　克服胆怯心理，敢于当众说话

任务提出：要具备较好的语言表达能力，首先要克服胆怯等不良心理。
任务目标：掌握克服心理障碍的方法和交际中心理沟通的方法。
任务分析：1. 了解哪些不良心理影响你的语言表达能力。
　　　　　　2. 心理训练：心理障碍克服训练。

 **基础知识**

口语表达过程中的心理障碍

言语表达作为人类的一种重要精神活动，始终与心理活动密切相关，而良好的心理素质，则又是拥有杰出口才的保障。口语表达总是伴随着各种复杂的心理活动的，这是因为在表达过程中，双方的心理均处于互动互变的状态。因此，克服心理障碍，具备健康的心理素质，懂得心理沟通的技巧，是口语表达获得成功的前提条件。但是，要培养口语表达者良好的心理素质，必须加强心理素质的训练。

一、口语表达过程中心理障碍的一般表现

在面对公众说话时，许多人都有不自在、担心、害怕等心理反应，这些不良或不适的心理反应现象即心理障碍。心理障碍是影响口语表达的重要因素。口语表达过程中常见的心理障碍主要表现为以下几种情感及心理活动。

1. 紧　张

表达时产生紧张感是难免的，尤其当说话者面临重要的演说场景时，这种情况更是不可避免。事实上，适度的紧张是必要的，因为表达活动需要说话者处于积极的心理状态，具备一定的兴奋度，但是过度的紧张往往会使说话者表现失常，导致表达失败。

以演讲为例，初学者由于紧张往往会出现一系列生理反应，包括心律、

血压、呼吸和胃肠道的反应等，表现出眉毛紧缩、心跳加快、脸涨得通红、手心出汗、两腿发软等现象。这种紧张往往在演讲前及演讲初期达到极点，时常出现口干舌燥、声音发颤、表情呆滞、语调失常、动作僵硬、姿态死板、心慌意乱、语言颠三倒四等情况，甚至平时能倒背如流的演讲稿也会出现卡壳的现象。这些都是因为心理过度紧张所导致的。

2. 自　卑

自卑是一种消极的心理状态，会使人离群、孤立、苦闷、失去自信心。有自卑心理的人，不敢大大方方地与人平等交往，担心受别人冷落与嘲笑；在进行言语表达中，他们也常常会情不自禁地出现脸红心跳、语无伦次、手足无措等现象。在学校里，有自卑心理的同学往往处理不好同学之间的关系；在性格上表现为内向和沉默寡言。

自卑往往是由以下两方面原因产生的。一是身体缺陷，如身高、体重、相貌等；二是表达时吐字不如别人清楚、音色不如别人好听、声音不如别人洪亮、抑扬顿挫不如别人掌握得好等。很多人就是因为害怕别人嘲笑而不敢在公众面前进行话语表达的，这样不仅难以提高口才水平，也会因此产生极度的抑郁心理，影响心理健康。

3. 羞　怯

怯场是任何一个人经历紧张状况时都会发生的问题。平时我们经常看到这样的现象，有的人在回答课堂提问时总是低着头，且声音非常弱小，在公众场合讲话时更是面红耳赤、语无伦次，半天也表达不清自己的意思，甚至面对黑压压的听众，站在演讲席上心慌意乱得不知该如何是好。这种由紧张所产生的语言、神态紊乱及表情尴尬的心理问题就是羞怯，是由害怕和胆怯所造成的。怯场的原因就是"害怕"。所以，要想克服怯场，就一定要用意志来克服害怕心理，努力提高自信心，多给自己胆量，多给自己鼓励，而不是自己吓自己。

4. 自　傲

自傲是一种以自我为中心的心理倾向，是人际交往的大忌。在口语表达中表现出自傲心理的人往往只将注意力集中在自我身上，过高地估价了自己的能力；在交际会话中滔滔不绝，自以为技压群雄；或者在独自演讲中高谈阔论，不顾听众情绪。自傲心理使人孤傲离群，使交际双方关系难以协调，这对口语表达极为有害。一个人如果对自己期望值过高，希望通过过度的表现来抬高自己的演讲能力，那么，当这种抬高超过自己的能力时，就会出现事与愿违的结果，出现失控的现象。例如，有的演讲者把演讲台演变成他个人表现的场所，演讲前自我陶醉、自我欣赏、自我满足；演讲中趾高气扬、忘乎所以、滔滔不绝，炫耀自己的知识和才能，极度渴望得到掌声和喝彩声。但是，一旦演讲失败或评价不高时，他们则像泄了气的皮球一样，情绪低落、自卑自怜、郁郁寡欢、闷闷不乐，或者变得气急败坏、恼羞成怒，情绪难以控制。

二、克服心理障碍的方法

克服心理障碍的最好方法是正确认识和估价自己，在实践中摆正自己在人际交往中的位置，逐渐形成健康的交际心理。心理素质是可以训练的，而且如果训练方法得当，常常可以取得事半功倍的效果。

1. 心理稳定，思维清晰

初上讲台或在大会场所讲话，事先可采取以下方法使心理状态趋向稳定：作几次深呼吸，使呼吸与心跳趋向正常；慢慢喝水，慢慢咽下，稳定情绪专心致志；考虑讲课或演讲内容，上台后不急于开口，先扫视全场，待静场后再开讲。也可用自我暗示法，即登台之前，先对着大镜子修饰一下自己的容貌，然后自信地凝视自己的形象并大声说几遍"你今天一定成功"，然后精神焕发地跨出家门。

2. 增强信心，消除自卑

（1）旁若无人。郭沫若在总结自己的讲演经验时说："讲演，总是目中无人才行，不管有多少听众在你前面，他们都是准备让你吞下去的，你只要把他们吞下去就行了"。

（2）忘掉自我。心理学家指出，紧张和恐惧是与自我评价有关的情绪反应，是演说自我意识所造成的。当众讲话的第一步之所以难迈，主要是考虑"自我"过多，怕"我"丢人，怕"我"出丑。英国著名作家萧伯纳原是伦敦最胆怯的人之一，他常常在别人的门前躞步数分钟后才壮起胆子去敲这家的门。后来他回忆如何取得口才成功时说："我是以自己学人溜冰的方法来做的，我固执地一个劲地使自己出丑，直到我习以为常"。萧伯纳的"忘我的精神"

是消除胆怯心理的一把钥匙。

(3) 人人如此。畏惧、怯场是初次当众讲话者的普遍心理。古今中外著名的政治活动家、演说家、论辩家，初登讲台时个个如此，并不都是尽如人意。例如，拉·甘地夫人初次登台时，吓得连一点声音都发不出来，讲了些什么自己也不清楚，一个听众说"她不是在讲话，而是在尖叫"；美国前总统福特初入政坛时，讲话结结巴巴，有人戏称他为"哑巴运动员"；喜剧大师卓别林第一次向公众演说时，因过分紧张兴奋从台上跌落下来；古罗马雄辩家西赛罗开始演讲时面色苍白，整个身心都在颤抖，心窝里似乎塞着一块冰疙瘩。然而，他们正是在战胜了畏惧之后才成为雄辩之才的。

3. 苦练敢说，驱走恐惧

培养讲话者胆量，消除恐惧的最好方法就是勤学苦练。主要方法有单独练习和请人指教练习等。演讲者要有练好口才的强烈愿望，且不要丢掉任何练习机会。例如，在讨论会上，要争先发言；在非正式场合敢于当众讲话；要寻找话题，既敢对熟人讲话，也敢对陌生人讲话，争取成功一次。

总之，口语表达与心理有着非常密切的关系，可以说，心理素质的好坏影响甚至决定了口才水平的发挥。因此，学习相关的心理学知识，掌握相关的心理规律，对于提高我们的口才是非常必要的。只要我们善于研究听众心理，有效调动听众的参与积极性，我们就能与听众进行心灵的交流，实现无障碍沟通。当然，自己战胜自己也是非常重要的，因为许多人都曾有过当众说话时紧张、担心、自卑、羞怯等难堪的体验。可是，既然我们都知道这些心理障碍是大部人都会有的普遍反应，那我们为什么不干脆泰然处之呢？要坚信，只要掌握了心理素质训练的方法和技巧，并且坚持不懈地进行练习和实践，我们就一定能够战胜自己，提高我们的口语表达能力。

任务训练：

1. 话题训练

指名 5 人上台，抽题后稍加准备当场讲述题目。例如：① 我的特长；② 我最得意的一件事；③ 我的学习生活；④ 一个愉快的假日；⑤ 我的妈妈。

讲完后，由其余同学评论 5 人的心理素质（可以当场质疑），最后由 5 人答辩，谈谈怎样稳定心理。

2. 自我暗示训练

主要是通过内心积极的自我暗示,消除胆怯、紧张等心理障碍。

(1) 上讲台前,闭上眼睛,扩张胸腔,深呼吸数次,心中暗暗地说"我有把握讲清楚,会表现得比别的同学好"。

(2) 走向讲台时,速度可比平时稍慢;登上讲台时,再深呼吸 1 次。

(3) 目光向前平视并自我暗示:"只要我不慌,紧张一定就会消除";说话语速慢一些,语调坚决一点。

训练内容:主持班会,布置周末文艺活动。主要事项有:介绍活动项目,活动时间和地点,活动要求,会场布置由哪些同学去做,服务工作由哪些同学去做,征求同学对活动安排的意见。

3. 目光接触训练

(1) 模拟情境训练。对着镜子,一边看着自己的眼睛,边想边说:"现在,我应该用柔和、信任的目光去与听众交流,感谢他们注意听我的发言。"

(2) 说话训练。在一个正式场合,从容地发表讲话,包括积极参与集体讨论,重视写作训练,通过写作完整的材料系统地总结思想、认识和想法、建议等。

4. 应急反应训练

如在讲话过程中,听众中突然爆发哄堂大笑、讲稿被风刮走、记不起演讲词、有人突然提问等,不断向演说者发起"进攻",这时对演讲者而言,重要的是冷静,举止适度,言语得当。

5. 角色心理适应训练

训练内容:通过角色扮演,尝试在模拟的情境中进行"自我推销"。具体训练程序如下:

(1) 由 4 位学生扮演考官,1 名学生扮演大学毕业生。

(2) 遭遇的考官性格各异:甲考官性格温和,问话亲切,富有启发性;乙考官性格内向,问话言简意赅,表情严肃;丙考官感情外露,问话中有鲜明的情绪倾向;丁考官思维富有独创性,问话多是逼问式。每个考官对应试者逐一轮番提问,以训练面试者对话过程中的心理适应能力。

(3) 大学毕业生以稳健的谈话风格、质朴的语言、饱满的精神状态,向考官介绍自己的学识、才干、品行和事业心。介绍完后,逐一回答考官的提问,在训练中不断提高自己作为应试者的心理适应能力,增加陈述和立论的经验和能力。

(4)根据课堂练习,增加一些对话和细节,最后由学生观众评出最佳扮演者。

评价标准:

学生在口语表达训练中没有怯场心理,敢于当众说话;神态自如,言谈得体;内容有主见,表达有条理,能从容不迫地进行口语表达。

任务二 吐字清晰流畅,语音传情达意

任务提出:发声发音准确才能正确的表情达意。
任务目标:1. 掌握正确的发声发音方法,让学生逐步达到发音准确、响亮、流畅、口齿伶俐。
2. 掌握朗读的技巧。
任务分析:1. 发声训练:呼吸训练、共鸣训练、口腔控制训练。
2. 发音训练:声调训练、声母训练、韵母训练。
3. 朗读训练:重音训练、停连训练、不同文体的朗读训练。

 **基础知识**

发声发音知识

一、气息控制

气息是指呼出吸入的气流。这是发声的动力,也是共鸣的基础。口语表达中,声音的亮度、力度、清晰度,以及音色的甜润、优美,嗓音的持久不衰等,都取决于气息的正确控制和使用。因此,科学地掌握呼吸方法,是发声训练的根本一环。

一般说来,呼吸有三种方式:胸腹式联合呼吸、腹式呼吸、胸式呼吸。

我们主要介绍胸腹式联合呼吸。

胸腹式联合呼吸法，就是吸气后两肋扩大，横隔膜下降，小腹微收。这种方法是用胸腔、横膈肌、腹肌联合控制气息。这种呼吸活动范围大、伸缩性强，可以操纵和支持声音的能力，为气息均衡、平稳地呼出提供了条件。

气息控制和运用是随着内容及感情的表达而决定的。要做到"吸气一大片，呼气一条线；气断情不断，声断意不断"，把气息的运用作为情感表达的手段。

二、共鸣控制

发音体之间的共振现象叫做共鸣。人体发声的共鸣是指喉部的声带发出的声音，经过声道共鸣器官并引起共振而扩大，变得震荡、响亮，圆润有弹性，刚柔适度，形成各种不同的声色。这样的声音传送较远，可塑性大。

人的声道共鸣器官主要有胸腔、口腔、鼻腔等。胸腔共鸣能使声音浑厚、洪亮；口腔共鸣能使声音结实、明亮；鼻腔共鸣能使声音明丽、高亢。

共鸣控制应注意以下事项：

（1）脊背挺直而舒展，颈要正，不前探，不后挫；放松颈部肌肉，保持咽道通畅；两肩自然下垂。

（2）胸部不要故意挺出，要自然放松，吸气不要过满。

（3）下颌放松，活动灵便，适当打开口腔，上下槽牙间保持一定距离。

（4）声带发出的声音要像一条带子，下与气息相连，从小腹抽出，垂直向上，经过咽部，成为一束声流，沿上颚、中线向前，冲击上颚前部，流出口外。

练习共鸣腔的功能，首先要保护好声带，呼吸要均匀，减少声带的负担，经常练习"气泡音"活动声带，把发声器官锻炼得结实、耐久。

三、口腔控制

"吐字归音"是我国传统说唱理论中提及吐字方法时所用的一个术语。它经过几代人的实践、研究，从汉语音节结构的特点出发，把汉语的一个音节的发音过程分为字头、字腹、字尾三个阶段。口语表达中，要想吐字有力、清晰，字音准确，归音到家、完整，字正腔圆、珠落玉盘，借鉴吐字归音的理论，把它移植于言语实践之中，是非常必要的。

当代语言学家根据汉语音节的结构特点，对照传统说唱艺术中字头、字腹、字尾的分类规律，科学地分析了普通话字音中声、韵母与字头、字腹、字尾的对应关系，认为：

字头——指的是声母加韵头；

字腹——指的是韵腹，即韵母中的主要元音；

字尾——指的是韵尾。

结合传统戏曲艺术中对吐字归音的要求，我们可以找出口语表达中吐字归音的要领。

1. 出　字

出字是对字头的处理。字头的发音对于整个字音的清晰响亮起着关键作用。出字，要求部位准确、弹发有力。

声母的发音必须找准发音部位，即气流受阻的部位。口腔内蓄气要足，阻气要有力，力量集中在阻气部位的纵中部，不要满口用力；弹发时要干净敏捷。由于韵头对声母的影响，字头的发音还要注意唇形正确，该圆则圆，该扁则扁。

零声母音节，出字也要有一定的力度。i，u，ü开头的音节，发音时可以带点摩擦成分；a，o，e 开头的音节，可以在发音前收紧下喉部，像咳嗽前的状态。

2. 立　字

立字是指韵腹（字腹）的发音过程。韵腹的发音应呈拉开立起之势。因为在汉语音节中，开口度最大、发音共鸣最丰满、声音最响亮的就是韵腹，再加上韵腹是声调的主要体现者，声调和韵腹充实的声音结合在一起，在有声语言中就形成了抑扬顿挫的语言音乐美。

3. 归　音

归音是对字尾的处理。字尾收得恰当与否，对于字音的完整、清楚起着重要作用。归音要求到位恰当、干净利索。

"到位"，是指尾音要归到应有的位置上，不能只吐"半截字"，字尾不收。元音韵尾应分别归到"i"或"u"，辅音韵尾应分别归到 n 和 ng，发音时唇舌"到家"。"恰当"，是说韵尾的发音不能像单发时那样紧、那样完全，而是要求舌头的趋向鲜明，口腔逐渐闭合。韵尾 i，u 实际上只要收到松 i 和松 u

即可，n，ng 舌尖或舌根只要轻微接触上腭即可。没有字尾的音节（开尾音节），归音时应保持字腹的发音口形，声不断形不变。

4."枣核儿"音

民间说唱的发音方式要求一个音节的发音过程有头有尾，形成一个完整的"枣核形"状态，以此求得字正腔圆的效果。口语表达训练也应仿效、借鉴。"枣核形"是以声母、韵尾各一端，韵腹为核心，如"电"的发音过程。

语流中感情色彩的变化与延伸，多体现在韵尾上，归音时要注意归出"味儿"来。对吐字归音的理想要求是"字正腔圆"，即：

准确：读音正确、规范
清晰：字音清楚、不含混
圆润：声音饱满、润泽
集中：发音集中、不散乱
流畅：语音连贯、自然

前两者为"字正"，后三者为"腔圆"，要做到这些就要进行与口腔控制紧密相关的训练。

四、声调、声母、韵母知识

汉语是有声调的语言，而且每个音阶都有着自己的声调。声调是音节的高低升降形式，它主要是由音高决定的。声调的音高与唱歌和乐曲的音高是不一样的。声调的音高是相对音高，而唱歌、乐曲的音高是绝对音高；声调的音高是渐变的、滑动的。声调在汉语中的地位非常重要，有着区别意义的作用，例如："妈 mā"和"马 mǎ"这两个音节唯一的区别就是声调，我们就是靠不同的声调来区别它们的意义的。

普通话有四个声调，即阴平、阳平、上声、去声，也可以依次称为第一声、第二声、第三声、第四声。描写声调的发音高低通常用五度标记法：立一竖标，分 5 度，最低为 1，最高为 5。

阴平：从 5 度到 5 度（55），称高平调，调号（声调符号）是"—"，如"春天花开"。

阳平：从 3 度升到 5 度（35），称中升调，调号是"/"，如"人民团结"。

上声：从 2 度降到 1 度再升到 4 度（214），称降升调，调号是"∨"，如"远景美好"。

去声：从 5 度降到 1 度（51），称全降调，调号是"\"，如"胜利在望"。

声母是汉语音节开头的辅音，是发音时气流通过口腔或咽喉受到一定的阻碍而形成的音。普通话由辅音充当的声母有 21 个，其发音是由发音部位和发音方法决定的。

韵母是音节中声母后面的部分。普通话有 39 个韵母，按结构可以分为单元音韵母、复元音韵母和带鼻音韵母三类。韵母主要是由元音构成的，因此要掌握韵母的发音，首先要了解元音的发音特点。元音的共同点是发音时声带振动、声音响亮。发好元音，要从舌位的前后、高低、唇形的圆展三个方面去控制自己的发音器官。

朗读知识

一、朗读的含义

朗读就是朗声读书，即运用普通话把书面语言清晰、响亮、富有感情地读出来，变文字这一视觉形象为听觉形象。朗读是一项口头语言的艺术，需要创造性地还原语气，使无声的书面语言变成活生生的有声的口头语言。如果说写文章是一种创造，朗读则是一种再创造。

二、朗读的基本要求

1. 深刻理解作品

（1）理解作品的内容。
（2）把握作品的结构。

2. 字音正确

（1）认读生字。
（2）纠正方音。
（3）按字定音。
（4）读出音变。

3. 把握感情基调，投入真情实感

（1）边读边想，设身处地。

（2）准确使用内在语。

（3）把握感情基调，即昂扬有力、坚定深沉、喜悦明快、悲愤凝重、愁思满怀、豪放舒展、清新细腻。

三、朗读训练法

1. 选择朗诵材料

朗诵是一种传情的艺术。朗诵者要很好地传情，首先要注意选择那些语言具有形象性的而且适于上口的文章。

2. 把握作品的内容

准确地把握作品的内容，透彻地理解其内在的含义，这是作品朗读重要的前提和基础。应注意以下几方面的内容。

（1）正确、深入地理解。朗读者要把作品的思想感情准确地表达出来，需要理解作品的内在含义，清除障碍，把握作品的创作背景、作品的主题和情感的基调，这样才会准确地理解作品。

（2）深刻、细致地感受。有的朗读，听起来也有抑扬顿挫的语调，可就是打动不了听众。主要是因为朗读者没有进入作品的深层，而是在那里"挤情"、"造性"。

3. 用普通话语音朗读

要使自己的朗读优美动听，必须使用标准的普通话进行朗读。只有普通话才能更好地、更准确地表达作品的思想内容。

四、朗读的基本技巧

朗读技巧包括停连、重音、语气、节奏四个方面，它们各有侧重、互相区别，又具有共性、互相沟通。

1. 停　连

停连为表情达意所需要的声音的中断或休止。"当断不断，反受其乱；该连不连，语义难全；有断有连，方能扣人心弦。"

停连的一般规律如下：

（1）必须根据作品内容和具体语句安排停连，并以思想感情的运动状态为前提，不能乱停乱连。

（2）必须从读和听双方面的需要考虑停连，读是主导方面，但不能随心所欲。

（3）标点符号是重要参考，但无须因此而束手束脚。标点是为看而设的，停顿和连接才是为了听的，要敢于大胆突破。

例如："它的果实埋在地里，不像桃子、石榴、苹果那样，把鲜红嫩绿的果实高高地挂在枝头上，使人一见就生爱慕之心。"

（4）一般来说，句子越长，内容越丰富，停顿就越多；句子越短，内容越浅显，停顿就越少。感情凝重深沉时，停顿较多，感情欢快急切时，连接较紧。

（5）只要有两个词相组合，就有停连问题。停顿时间长，表示组合关系松动，或统领其后，余味较长；停顿时间短，表示前后关系较紧密，或受制于前，或要求速进。

（6）停顿必须同重音、语气、节奏一起共同完成朗读的音声化再创作，永远不是单独起作用的。

例如："石拱桥在世界桥梁史上出现的比较早，这种桥不但形式优美，而且结构坚固，能几十年几百年甚至上千年雄跨在江河之上，在交通方面发挥作用。"

2. 重 音

在朗读中需要强调或突出的词或词组，甚至某个音节，称为重音。即一句话中听起来格外清晰、醒目之处，是诗、句子精华所在，也就是语句目的所在。

停顿和连接解决了作品内容构成的分合，重音要解决作品内容中词语关系的主次。

（1）并列性重音：古时候，有一个人，一手拿着矛，一手拿着盾。

（2）对比性重音：骆驼很高，羊很矮。

（3）递进性重音：竹叶烧了，还有竹枝；竹枝断了，还有竹鞭；竹鞭砍了，还有埋在地下的竹根。

（4）比喻性重音：月光如流水一般，静静地泻在这一片叶子和花上。

（5）转折性重音：其实地上本没有路，走的人多了，也便成了路。

（6）强调性重音：乌鸦听了狐狸的话，得意极了，就唱起了歌来；他就是我的老师—大谦。

（7）拟声性重音：雨哗哗地下着，会场上响起雷鸣般的掌声。
（8）肯定性重音：这样气魄宏大的工程，在世界历史上是一个伟大的奇迹；我是中国人。
（9）反义性重音：他们说中国是一个贫油国家。
重音的表达方法：强中加强法；低中见高法；快中显慢法；实中转虚法；连中有停法。单纯地加重声音，会比较单调。

3. 语 气

语气是朗读时所包含的思想感情和具体的声音形式。朗读学实际上是语气学，在朗读中占有极重要的位置。
语气有具体的思想感情的色彩，喜、怒、哀、乐、爱、恶、惧，等等。
（1）爱，气徐声柔——"宝宝，过来让妈妈抱抱！"
（2）憎，气足声硬——"他爸，你赶紧过来一下！"
（3）悲，气沉声缓——"周总理，你在哪里，我们想念你呀，想念你！"
（4）喜，气满声高——"女士们，先生们，当阳光以饱满的激情拥抱泥土，当雨水以甘甜的声音呼唤禾苗，又一度春风临界，我们迎来高先生和林小姐的新婚大喜！"
（5）俱，气提声凝——"不，别这样，不要，不要！"
（6）欲，气多声放——"当兵的，你不守信用，你不等我了？"
（7）急，气短声促——"快，快，敌人马上追上来了！"
（8）冷，气少声平——"我们没什么可谈的了，结束吧！"
（9）怒，气粗声重——"你难道就这么对待我吗？你这人太没有良心了"
（10）疑，气细声黏——"他怎么会在这儿，难道他已经觉察出这里的秘密？"
语气的丰富多彩决定了其声音形式的千变万化，具体的色彩，要通过具体的声音形式表现出来。总体要求是：从内容出发，以准确、具体的思想感情作为依据，通过声音的高低、轻重、快慢、虚实、明暗、刚柔等的对比，达到朗读的目的。

4. 语 速

语速是指朗读时由思想感情的波澜起伏所造成的声音上的抑扬顿挫、轻重缓急、回环往复的形式。语速分为高亢型、紧张型、轻快型、低缓型、舒展型、凝重型等类型。

上述四种技巧的关系如下:

停连,解决词、词组、句子、段落、层次之间的疏密关系,使语义完整清晰,感情隐现得体;

重音,解决句子、段落中的主次问题,使语言目的明确,重点突出;

语气,把握每一个语句的走向、态势、色彩、分量,是朗读技巧的核心;

语速,控制全篇语流的快慢疾徐,在回环往复中奠定全篇的基调。

这四种技巧不是孤立地各行其职,而是作为一个整体,是有声语言流动中的和声,不能割裂开来,而是要出神入化,变为朗读者熟练的习惯,甚至进入"下意识"。

总之,朗读应线索清晰、立意具体,表达细腻,点染得体。要做到有目的、有对象、有内容、有感情。

任务训练:

1. 声调训练

阴平:芭蕉 bājiāo　　冰川 bīngchuān　　波涛 bōtāo

阳平:红旗 hóngqí　　翱翔 áoxiáng　　文学 wénxué

上声:古典 gǔdiǎn　　辅导 fǔdǎo　　处理 chǔlǐ

去声:热爱 rè'ài　　缔造 dìzào　　荡漾 dàngyàng

2. 声母发音训练

(1) 平、翘舌对比训练

训练要领:

z,c,s 这三个声母发音时,舌头平伸,舌尖与上齿背接触形成阻碍。

zh,ch,sh 这三个声母发音时,舌尖上翘,与硬腭前部接触形成阻碍。

① 字对比:

早—找　　从—虫　　苏—书　　缩—说

资—知　　春—村　　三—山　　损—顺

森—深　　怎—真　　参—掺　　长—仓

脏—张　　谆—尊　　扎—杂　　沙—洒

② 词对比:

自立—智力　　粗布—初步　　擦车—叉车

史记—死记　　栽花—摘花　　师长—司长

商业—桑叶　　乱草—乱吵　　私人—诗人

③ 组词对比：

作者　滋长　种族　转载　残春　操场　冲刺
揣测　飒爽　私事　疏松　世俗　财产　声色

④ 听辨训练：

资源—支援　　推辞—推迟　　三角—山脚
主力—阻力　　征兵—增兵　　照旧—造就
棉纸—棉籽　　竹子—卒子　　事实—四十
诗人—私人　　鱼翅—鱼刺　　商业—桑叶
最粗—最初　　摘桃—栽桃　　一成——一层

⑤ 绕口令训练：

这是蚕，那是蝉。蚕常在叶里藏，蝉藏在树里唱。

四是四，十是十，十四是十四，四十是四十，十不能说成四，四也不能说成十。若是说错了，就要误大事。

战士史有志，喜欢看报纸。一看中央指示，二看国际时事，三看国内新闻，四看小说新诗。认不得的字就查字典，重要的内容就抄笔记。久而久之，学问挺深，大家就拜他为师。要问他有什么诀窍，回答很妙：学无止境，持之以恒，时间抓得紧，不愁不长进。

(2) 鼻音与边音对比训练

训练要领：

发鼻音 n 时，软腭、小舌下降紧贴舌根，这时口腔通路关闭，鼻腔通路打开，气流振动声带，在鼻腔产生共鸣，从鼻腔流出。

发边音 l 时，软腭、小舌上升，堵住鼻腔的通路，气流振动声带，从舌的两边流出。

① 字的对比：

老—脑　　刘—牛　　路—怒
类—内　　赖—耐　　年—连
诺—落　　龙—浓　　闹—捞
拉—拿　　冷—能　　连—年
列—涅　　吕—女　　零—宁

② 词的对比：

新粮—新娘　　旅客—女客　　呢子—梨子
新连—新年　　脑子—老子　　水牛—水流

③ 组词对比：

冷暖　老年　能量　奴隶　凝练　暖流　嫩绿　历年
尼龙　老农　落难　鸟类　年轮　奶酪　农林

④ 听辨训练：

褴褛—男女　　老路—恼怒　　浓重—隆重
女伴—旅伴　　留念—留恋　　难住—拦住
大年—大连　　无奈—无赖　　脑子—老子
允诺—陨落　　泥巴—篱笆

⑤ 绕口令训练：

念一念，练一练，n，l的发音要分辨。l是边音软腭升，n是鼻音舌靠前。你来练，我来念，不怕累，不怕难，齐努力，攻难关。

有座面铺面朝南，门口挂个蓝布棉门帘。摘了蓝布棉门帘，看了看，面铺面朝南；挂上蓝布棉门帘，看了看，面铺开是面朝南。

门口有四辆四轮大马车，你爱拉哪两辆就拉哪两辆，小罗要拉前两辆，小梁不要后两辆．小梁偏要抢小罗的前两辆，小罗只好拉小梁的后两辆。

牛郎年年恋刘娘，刘娘年年念牛郎，牛郎恋刘娘，刘娘念牛郎；郎恋娘来娘念郎。

大门外有四辆四轮大马车，你爱拉哪两辆就拉哪两辆。

老农闹老龙老龙恼怒闹老农，老农怒恼老龙。

3. 朗读技巧训练

（1）朗读下文，注意停连：

雪地中一位年轻的母亲拉着身后的小女儿跑着、笑着。忽然，母亲脚下一滑，摔倒在雪地上。我忙跑过去拉起她，她却不顾自己，而是马上扶起坐在地上的小女儿。女儿也很懂事地给妈妈拍去头发上的雪。轻轻地问了一声："妈妈，您疼不疼？"母亲由衷地笑了，笑得那么舒心。

（2）朗读下面的句子，注意体会重音的不同类型：

在苍茫的大海上，风聚集着乌云。在乌云和大海之间，海燕像黑色的闪电高傲地飞翔。

一会儿翅膀碰着海浪，一会儿箭一般的直冲云霄。它叫喊着，——在这鸟儿勇敢的叫喊声里，乌云听出了欢乐。

在这叫喊声里，充满着对暴风雨的渴望！在这叫喊声里，乌云感到了愤怒的力量、热情的火焰和胜利的信心。

海鸥在暴风雨到来之前呻吟着,——呻吟着,在大海上面飞窜,想把自己对暴风雨的恐惧,掩藏到大海深处。

海鸭也呻吟着,——这些海鸭呀,享受不了生活的战斗的欢乐:轰隆隆的雷声就把他们吓坏了。

愚蠢的企鹅,畏缩地把肥胖的身子躲藏在峭崖底下……只有那高傲的海燕,勇敢地、自由自在地,在泛起白沫的大海上面飞翔。

评价标准:

(1)科学的发声、发音,符合普通话的标准。
(2)运用普通话把书面语言清晰、响亮、富有感情地读出来。

任务三 举止优雅大方,赢得听众青睐

任务提出:态势语在语言表达中的作用。
任务目标:了解态势语在一般口语交际中的作用,掌握态势语运用的要领。
任务分析:1. 了解基本的态势语言。
2. 掌握态势语的作用。

基础知识

态 势 语

一、态势语的含义与作用

态势语是口语表达过程中的辅助手段,是通过体态、手势、表情、眼神等非语言因素,传达信息的一种言语辅助形式;又称体态语。

态势语的作用主要表现在以下三个方面:

(1)补充、强化口语信息。
(2)沟通、交流情感。
(3)调控交际过程。

二、态势语的基本要求

（1）准确。即完全符合口语表达的思想实际和表达内容。

（2）自然。态势语，情之所至、自然大方、态势动作要不僵硬、不呆板，不矫揉造作，不故作姿态，而应舒展大方，不动则已，动就要让受众赏心悦目。

（3）得体。即与交际环境、交际对象的年龄、身份等相符合。

（4）适度。指运用的幅度、力度、效率要辅助有声语言，不宜过分夸张，力度要适中，不要过于繁杂。

（5）协调。态势语要与有声语言的内容、语调、响度、节奏相协调，与说话者或听者的心态、情感相吻合，不能与特定语境和交流目的产生冲突。

三、态势语的种类

1. 面部表情

邵守义先生说："如果说'眼睛是心灵之窗'，那么脸面就是'心灵的镜子'。这面镜子，是由脸的颜色、光泽、肌肉的收展，以及脸面的纹络组成的。它以最敏感的特点，把具有各种复杂变化的内心世界，如高兴、悲哀、痛苦、畏惧、愤怒、失望、忧虑、烦恼、报复、疑惑等最迅速、最敏捷、最充分地反映出来。"

眼神的运用主要有以下三个方面：

（1）环顾。即用眼神环视听众的方法。运用这种方法要神态自然，视线向前流转，以观察听众。眼光在全场按一定部位自然地流转，但头部不可摆动。这种眼神可以控制全场情绪，还可以了解听众反映、检查自己表达的效果。

（2）专注。即把视线集中在某一点或某一区域的方法。这种方法只同个别或部分听众交流视线，可以以此来引导全场听众专心听讲，还可以制止个别听众在场的小声议论或小动作。

（3）虚视。即用眼睛似看非看的方法。运用这种方法要睁大眼睛面向全场观众，而不专注某一点，这样全场观众都以为讲话者在注视他们，于是全场便被控制。同时，聚集的目光还可缓解怯场引起的紧张情绪。虚拟与专注相配合可以消除专注容易造成的目光呆滞的不足。在回忆和想象时，虚视还可以把听众带入假设的意境，受到熏陶和感染。

眉、嘴等其他面部器官也可以构成表情，如大怒时眉毛立起，嘴角下垂。人的面部表情中能明显观察到的就是笑。同眼神一样，笑的方式也有不同。

在口语表达中常常见到的是微笑。微笑是沟通人际关系，创造交际气氛的重要手段。在许多情况下，微笑可以使人对交际障碍应付自如，增加别人对自己的好感。微笑本身也是对交际自信的表现。大笑是极度高兴的表现。亲朋好友间交际时一般会开怀大笑，而一般交际场合中大笑则是失礼。

在口语表达中，我们运用面部表情表达自己的内心情感时，要注意以下几点：

（1）要灵敏。能较迅速、敏捷地反映内心情感。

（2）要鲜明。能准确、明朗地让观众觉察到你的微小变化。

（3）要真实。让观众相信是发自你心灵深处最真挚的流露。

（4）要有分寸。不愠不火，适可而止。过火则造作，不及则平淡。

2. 手　势

手势在态势语中动作最明显，表达最自然。从形式上看，手势可分为手掌手势、手指手势和拳头手势。从表意作用上可分为象形手势、指示手势、情意手势、象征手势。象形手势主要用来摹形状物，给听众一种形象的感觉；指示手势，有指明对象、方向、所起的作用；情意手势，能突出说话人的强烈情感，渲染气氛，增强感染力；象征手势，可以用具体动作表现比较抽象的思想内容。

手势活动范围可分为三个区域：肩部以上为上区，多表现积极、振奋、赞扬等情意；肩至腰部为中区，多表示平静、严肃、和气等；腰部以下为下区，多表示否定、压抑、鄙视等。

3. 身　姿

身姿主要指站姿、坐姿、走姿。身姿不仅可以强化口语信息的表达效果，还可以反映一个人的气质、风度、素养和内心活动。

正确的身姿是：站如松、坐如钟、走如风。站时，两脚基本平行，相距与肩同宽或相当自己的两个拳头宽，挺胸收腹；坐时，收腿、平肩、直腰、身正；走时，挺胸抬头，目视前方，步态从容，手臂自然摆动。

任务训练：

1. 态势语训练

（1）观察训练。实际观察两个人的交际，记下他们都使用了哪些态势语，分析这些态势语起了什么作用。

（2）试以导游身份向游客介绍某一景点，注意身姿端正，动作恰当、自然、协调。

（3）学生从座位上走上讲台，站定（或坐定），说几句简短的话，或朗诵，或讲故事，或讲笑话，或自画像；说话中必须做出 2~3 个富有个性的手势；说话时间不少于 2 分钟，不多于 3 分钟；请老师和同学当场纠正其不当态势语。

（4）结合一段演讲词，请按内容自行设计面部表情和手势，并当众演讲。

（5）下面一段对话适用于不同的场合，把你设想为交际人之一，分析在下面不同场合中态势语的不同变化，分析话语的语调是否也有不同。

对话：

甲：你好！

乙：你好！

甲：你今天很准时。

乙：你也是。

甲：你昨天晚上看电视了吗？

乙：看了，也没什么好节目。

甲：那个电视剧你没看吗？

乙：没有，时间太晚了。我就看了天气预报。

甲：呦，我还忘了，说今天有雨，你带伞了吗？

乙：没有，我带了雨衣。

场景：

（1）早上一个人与同事在机关（或学校）门口相遇，那个同事是他不喜欢的人。

（2）班级去某风景区游览，约定早八点集合，两个要好的同学在车站相遇。

（3）甲和乙是同事，乙误解了甲，对甲有意见，三天没和甲说话了，二人在上班时相遇。

（4）男女青年经人介绍，在公园里初次见面。

评价标准：

态势语使用自然、恰当，能够掌握运用态势语的分寸。

任务四 思维严密清晰,把握交流脉络

任务提出: 听话技能训练。
任务目标: 掌握听话要领,养成良好的听话习惯,做到"听得准、理解快、记得清"。
任务分析: 1. 听话注意力训练。即集中注意力训练、分配注意力训练。
2. 听话记忆力训练。
3. 听话能力综合训练。

 **基础知识**

听得准、理解快、记得清

听是口语交际过程之一,从交际作用上讲,听和说是同等重要的。口语交际中的听,是积极的、用心地听,其目的是"听见",或者叫"听知",即听了以后能准确、全面地理解话语的含义。在交际中常有这样的人,他或者貌似在听,但听而不闻,心不在焉;或者虽然听了,但听话能力不强,领会不了说话的意思,因此说出的话就不着边际。了解听话能力的一些知识,掌握、培养听话能力的方法,对更好地进行口语表达来说是很必要的。

一、听话能力在口语表达中的意义和要求

(一) 听话能力在口语表达中的意义

1. 听话能力是口语表达的基础

在口语表达中,说与听是相辅相成的两个方面,良好的口才与良好的听话能力有密切的关系。从心理学上看,口语分为对话和独白两种形式。交谈、讨论等对话活动是表达与聆听结合进行的交际活动。听不但了解对方传递的信息,而且对表达起了制约、丰富的作用。独白虽然形式只是自己说,但是通过空气、耳鼓的反馈,表达者也在听自己的声音,以便补充和修正。

"会说的不如会听的",即听话能力是口语表达的基础。从幼儿学习语言来看,是先听后说,要想说必须先学会听。从交际过程来看,交际者要善于

听，从对方的话语中概括主要信息，了解主要内容，使自己的表达更适宜交际环境，贴近交际内容；从交际心理来看，说者是从听者的角度来调整语言的，"见什么人说什么话，语速、语调、语音、用词、句式、修辞方式等，都要使听者能够适应、理解。表达者是把自己设想为听者来安排自己的话语的，这就需要他有较广泛的听话能力。所以，没有较强的听话能力，就会制约一个人的口语表达能力。

2. 听话能力是使口语表达具有目的性的关键

口语表达不是一种漫无目的的乱说，而是一种有目的的表达和教授，有时是传递信息，有时是增进感情，有时是一种带有"客套"性质的交往。

要做到有目的的表达，就要积极地听对方的话语，并对这些话语进行分析，从而调整自己的表达方式和表达内容，这样才能能有的放矢。在口语交际中，表达者可以有事先的准备，但这种准备只是头脑中一个粗略的思想，并没系统化；即使这个思想系统化了，它也会随语境、交际内容的变化而变化。

3. 听话能力也是思维能力

听话过程也是一种思维过程。听话是生理活动和心理活动结合的过程，即把听来的声音与视觉信息等联系起来，经过分析、综合、比较，理解其中的含义，理解话语中包含的动机、目的、情感等内容。

听话作为心理和思维过程，它包括了主意、记忆、联想、分析和反馈。在听话过程中，听者既注意对方的话语，也注意对方的感情，还注意对方的体态；要把对方的话语要点储存在记忆中。正因为听话能力是一种思维能力，所以听话能力的训练可以促进思维的发展。另外，听别人的讲话，分析别人的说话内容和说话方法，也可以促进自己表达能力的提高。

（二）听话能力在口语表达中的要求

概括起来说，在口语表达中对听话能力的要求是清楚、准确、深入。

1. 清 楚

这是对听话能力的基本要求，在听话过程中首先要听清。听清有两层意思：
（1）要听清楚语音。接受者听清楚，当然主要在于表达者要说清楚，但是接受者的听音能力也起很大作用。听者要集中注意力，注意听对方说话。心不在焉，神不守舍的人是听不清别人讲什么的，在态度上也是对别人的不尊重。

（2）要听清语调。听清语调是正确理解对方话语的一个重要方面，它包括听清重音的位置；听清停顿的位置，以便能进行语意分解和组合；听清句调形式，是平调、降调、升调还是内调。

2. 准　确

准确是在听清的基础上，对对方话语语意理解的要求。

人们在听到话语以后，要经过头脑的辨析、理解。要做到准确听话，就要从词汇、语意、语法、语用等方面去综合分析理解。

话语的词不同于孤立的词，例如词典中的词可以有几个义项，而话语中的词的词义具有确定性，了解话语中每个词的具体含义对准确把握话语含义是非常重要的。

准确地听话还涉及言语与语境、体态、语调的关系。口语一般不要求语句的完整，很多意思不必非要用语词表达出来，而是在特定的语境中彼此意会。准确地听话是把音词、体态、语调综合理解并联系起来分析的过程。

3. 深　入

深入就是运用各种背景知识，联系说话人的目的、意图，听出对方话语的弦外之音、言外之意，或者能通过话语感知到说话人主观上并没想表达的东西。

言外之意要透过声音去听。说者表达言外之意一般要借助于一些其他手段，如重音、句调、表情、手势等。如果听不清对方的言外之意，甚至顺着对方的表面意义说下去，就会给人心粗、呆傻的印象。在口语表达中，言外之意一般是由双关、蕴藏等手段构成的。蕴藏就是常说的"潜台词"，听这些言外之意，要注意对方话语的强调重点及语境中话语的逻辑含义。

任务训练：

1. 听话注意力训练

（1）集中注意力训练：

① 用录音机录下中央人民广播电台或中央电视台的新闻联播节目，听后

要求说出：共有几条新闻；每条新闻的要点；新闻中的时间、地点、人物等要素。

②用录音机录下带有介绍产品具体性能、指标的广告，话语尽量多一些，听后要求说出：产品名称；产品性能、指标的具体数字；产品产地；广告的主要内容。

③指定一个学生读一篇 500~1 000 字的文章，体裁分别为记叙和议论文，然后让学生说出：记叙文的内容梗概（越详细越好）；记叙文的时间、地点、人物；议论文的论点；议论文的论据、事例、引用的论述。

(2) 分配注意力训练：

①用录音机同时播放两首古诗或两则寓言，让学生复述他们的内容。

②找两名同学同时朗读同一篇课文，然后让其他学生指出他们两个朗读中读错的地方。

③播放配乐诗或散文，然后让学生说出诗歌或散文的大意。并能说出音乐的旋律特征。

④接词游戏：三个人为一组，其中甲为一方，另外二人为一方，乙和丙分别向甲说一个词，甲用词的最后一个字做新词的头一个字，组成两个新词后再说给乙和丙，乙和丙又再组词说给甲，如此反复，看甲的听话、反应速度能不能既快又好。

2. 听话记忆力训练

(1) 故事情节的记忆：由教师读一篇较短的小说或寓言故事或记事散文或通讯报道，然后由学生复述。

(2) 议论分析的记忆：

①听、读下面的文字，说出它的观点。

甘与苦是个比较名词：我们是从艰苦中来的，今天所说的"苦"，常常就是过去所说的"甘"，甚至比过去的"甘"还要好得多。我们切不可忘记过去。我们是从群众中来的，某些工作人员所说的"苦"，也许是某些群众所希望的"甘"。我们不应该走得太远。忘记过去，走得太远，是脱离实际，脱离群众的。这会妨碍工作人员和人民群众的团结，妨碍经济建设的顺利进行，因而也就会使人民和自己的生活不能逐渐提高。

②听、读下面内容，要求对所听的话语能快速、准确地理解内在含义：

苏东坡在《晁错论》中精辟地指出："古之立大事者，不惟有超世之才，亦必有坚韧不拔之志。"古今中外成才者的事实雄辩地证明了这一点。如大发明家爱迪生，少年时智力表现一般，上小学时被老师斥之为"蠢猪"。然而，他在母亲的悉心教育下，决心走科学发明之路。由于他目标专一，孜孜以求，一生拥有1000多项发明专利，平均每15天就有一项新发明问世。为了研究制造电灯的灯丝，先后试验了1600多种材料，含辛茹苦十几年才成功。他经常连续工作二三十小时，累了就用图书当枕头在实验室躺一会儿。他说："天才就是九十九份汗水加一份灵感。"爱迪生正是以这种坚韧不拔的毅力，在无数次失败中取得成功的。现在的一些中学生智商并不低，但厌恶学习，成绩不理想。究其原因，主要是意志品质差，缺乏成才动机，缺乏勤奋刻苦精神，学习上遇到一点点困难便裹足不前，甚至颓废沉沦。因此，为了促进中学生成才，必须加强意志教育。

(3) 说明内容的记忆：

① 读一份旅游景点的游览图上面的介绍文字，然后让学生重述游览过程，看能否记住各个景点及景点的特色。

② 读一份商品说明书或药品说明书，让学生听记，看能否把握住商品或药品的特点、用法。

③ 听、读下面的文字，分出层次。

南极海域生物繁茂，主要原因有二：一是海区里阳光照射充足，便于海洋植物进行光合作用；二是南极海域里有海水上升流存在，使得海水中营养盐类格外富足。有人把这里的营养丰富的海水誉为"肉汁汤"，为海洋动植物生存与繁殖提供了良好场所。南极海洋生物链很短，它仅有三个环节，即硅藻—磷虾—鲸类和其他生物。

硅藻是一种单细胞藻类，通常呈黄色、褐色和绿色，是南极浮游植物中最主要的成分。硅藻的繁衍能力极强，在理想状况下，一个硅藻在一个月之内可繁殖10亿个后代。

硅藻的大量生长为海域内几亿吨至几十亿吨磷虾的生长提供了充足的条件。

磷虾用途甚广，它将是人类有希望的蛋白质来源之一。磷虾是南极生态中一个关键性的生物，没有它，就不会有那么多的鲸类、企鹅和海豹等。有人认为，把磷虾作为南极生物的象征比起企鹅来说更为恰当。

3. 听话能力的综合训练

(1) 听话能力的辨析理解：

① 听、读下面的幽默故事，然后说明：这个故事的寓意是什么；萧伯纳运用了那种反驳方法；萧伯纳的言外之意是什么。

英国大作家萧伯纳在一次散步时，在一条小路上与一个富翁相遇，富翁站在路中间，傲慢地说："我是从来不给蠢人让路的！"萧伯纳说："我正好相反"，说完，从富翁旁边走了过去。

② 听、读下面这段话语，然后说明：这段话的中心意思是什么；作者分几个层次来说明这个意思；在热闹与冷静、群居与独处之中，作者倾向于什么。

我爱热闹，也爱冷静；爱群居也爱独处。像今晚上，一个人在这苍茫的月下，什么都可以想，什么都可以不想，便觉得是个自由的人。白天里一定要做的事，一定要说的话，现在都可不理。这是独处的妙处；我且受用这无边的荷香月色好了。

（2）听话情感的辨析理解：

① 听、读白居易的《卖炭翁》，然后让学生回答：诗中反映出的白居易对卖炭翁的态度；诗中是如何反映这个态度的。

② 听、读下面一段话语，然后回答：那个美国人的话语里包含什么态度；周总理的话语里包含什么态度；那个美国人的交际态度是什么。

一个美国记者采访周总理，看见桌上放着一支美国派克钢笔，就说："请问总理阁下，你们堂堂中国人为什么还用美国钢笔呢？"周总理淡淡一笑，答道："谈起这支派克钢笔，话就长了。这是一个朝鲜朋友的抗美战利品，他是作为礼物赠送给我的……"

评价标准：

（1）正确理解别人话语的含义，不至于曲解别人的意思。

（2）听话中能够抓住中心，理解主旨；掌握层次，理清思路记住主要内容。

（3）听、记复述要点（人物、情节）完整，无重要疏漏。

第二部分　语言表达技巧训练

 学习目标

【知识目标】

　　初步掌握日常生活中在不同情境下，或面对不同交流对象，或身处特殊环境中得体说话的技巧。

【能力目标】

　　具有日常口语交际的基本能力，能够根据不同情境、不同交流对象和所处的特殊环境得体地说话，建立良好的人际关系。

【情感目标】

　　日常生活中，与人交流能够尊重和理解对方，根据交际情景做出自我调控，讲究应对技巧。

第二部分　语言表达技巧训练

任务五　适应不同情境的语言表达技巧

任务提出： 适应不同情境的语言表达技巧。
任务目标： 明确说话技能的重要性，掌握多种口语表达形式的特点和技能，养成良好的说话习惯；做到表意准确，语旨鲜明，态势得体，善于应变。
任务分析： 1. 给材料的说话技能训练：复述训练、描述训练、解说训练、评述训练、命题演讲训练。
　　　　　　2. 不给材料的说话技能训练：交谈训练、即兴演讲训练、论辩训练。

基础知识

给材料的说话技能训练

口语表达常常是多种表达方式交织使用或融合在一起，但各种表达方式又各有特点。下面将对各种表达方式作简单的讲解。

一、复　述

复述是复述者把读过或听过或看过的具体材料或有关内容在理解和记忆的基础上，根据不同的需要或详细、或简要、或变换人称、或变换顺序、或加上细节的想象，然后用自己的语言讲述出来。

（一）复述的技巧

1. 忠实原意，抓住要点

叙事性：时间、地点、人物、起因、经过、结果。
说明性：事物的特征、构成要素、构成方式。

29

2. 中心突出，语脉清晰

适当处理详略，突出重点。

条理清楚：时间顺序（先……后……）；因果关系（由因致果或由果探因）；并列关系（第一、第二）。

3. 表述自然、流畅、口语化

复述时要将书面语转化成口语，要注意句式和词语的变化，即复杂的长句应改为短句，倒装句应改成顺序句式，语法结构复杂的句子要简化，一些生僻的书面词语可以用通俗易懂的同义词替换，或者用释义、插说的方法来表达。

4. 表达直观

要发挥口语表达直观的优势，使叙述生动形象，注意声音、语调、表情、动作等。

（二）复述的方式

1. 详细复述

详细复述是按照原材料的顺序、结构将内容原原本本地重述出来。

2. 概要复述

概要复述是不改变原材料的中心意思、基本结构和逻辑顺序，用自己的话简明扼要地表述出原材料的要点。

进行概要复述，要总体把握原材料的内容，理清线索，抓住中心，保留主干，舍去枝节，做到既反映了原貌，又缩减了篇幅；那些次要的材料，如过渡性的段落、插说、阐释及抒情性文字，一般都可以部分或全部舍去；对原材料中的具体描述可变成概括叙述，还可以把一些事例概括起来作综合叙述。

3. 扩展复述

在忠实于原材料的中心思想和基本内容的基础上，通过合理地联想和想象，增添某些细节，扩展一些情节，增加某些说明性、修饰性的内容，以使讲述的内容更完整、更丰富、更生动。

二、描　述

描述是把看到的人物或事物用生动形象的语言进行一番生动逼真的描绘，使描述的内容在听众的脑子里塑造起形象或再现其经过。描述以观察为基础，但不能平铺直叙，而要求根据记忆中的情形，通过联想和想象构建它的形象，并注入感情色彩，把绘声、绘色、绘形的艺术性语言技巧融入其中，力求做到形象生动、吸引人。

使描述富有感染力的方法如下：

（1）抓住特征，绘声绘色绘形，以声传神；

（2）多使用修辞手法和声音技巧，力求鲜明生动、富有感染力；

（3）选用带有较为鲜明的自然色彩与感情色彩的词汇，选用表意力丰富而修饰性较强的词汇来组句，以达到再现的效果。

描述欣赏：

这是一张忠厚善良、朴实慈祥的老年人的脸。在那一道道长长的皱纹中，仿佛隐藏了一生的忧患、劳苦和辛酸；黝黑的老年斑、苦命痣，不知凝结了多少人间的艰难；眼睛有些昏花、呆滞，但却深邃安详，没有悲哀和怨恨，有的却是无限的欣慰和期望，你看，他这双勤劳的大手，青筋罗布，骨节隆起，虽然粗糙得像嶙峋干枯的树皮，但却很有力……

大雪整整下了一夜。第二天早晨，天放晴了，太阳出来了，推开门，一看，嗬！好大的雪啊！那山川、河流、树木、房屋，全部笼罩上了一层白茫茫的厚雪。极目远眺，万里江山变成了一个粉妆玉琢的世界。看近处，那落光了叶子的树上挂满了毛茸茸亮晶晶的银条儿；而那些冬夏常青的松树和柏树上，则挂满了蓬松松沉甸甸的雪球儿。一阵风吹来，树枝轻轻地摇晃着，那美丽的银条儿和雪球儿簌簌地抖落下来，玉屑似的雪末儿，随风飘扬，在清晨阳光下，幻映出一道道五光十色的彩虹。

三、解　说

在明确认识、深刻理解的基础上，抓住所涉内容的特征和本质，运用明晰甚至是诗化的语言有条理地向人们讲解，将枯燥的东西趣味化，静止的事物动态化，复杂的程序简单化，深奥的道理通俗化，抽象的道理形象化；做到深入浅出，以使人们听得明白，了解得清楚。解说语言的基本要求如下：

（1）内容真实，条理清晰；
（2）遣词造句，准确易懂；
（3）语音优美，重点突出；
（4）节奏明晰，情感和谐。

解说方法：下定义，抓框架；打比方，做描述；抓特征，作比较，举例子；分步骤，作列举，分类别；作分解，列数字；趣说。

四、评　述

评述是对所见所闻进行分析研究，用有声语言发表自己的看法，作出具体中肯的评价。评述的技巧如下：

1. 把握方向

无论评论语言的风格是风趣幽默还是犀利深刻，但首先需要确定的是评论的方向或者说基调，即对于所评论的事件是肯定还是否定；要不然，即使语言优美，听众也不得要领，更不会有任何收获。当然中国文化是讲究含蓄为美，一般情况下应避免尖刻地全盘肯定或否定。

2. 选择角度

凡事都可作面面观，取的角度不同，所得到的看法和结论便不同。因此，要精心选择最佳角度：一要正确，能够见着事物的本质和规律；二要方便，选取的角度既易展开，又易打住，而且为评述者所熟悉；三要另辟蹊径。

3. 谈笑风生

开口评人说事，不要声色俱厉，否则往往事与愿违。因此，一要语气和缓，即使对自己的看法完全有把握、可以断言，即使评说对象是自己的敌手或者手下败将，也不要把话说得太凶太硬；二要说话生动有趣，注意修辞的使用。

评述欣赏：

解放军报评论：坚决打赢抗震救灾这场硬仗

5月12日下午2点28分，四川省汶川县发生8.0级地震，造成重大人员伤亡和财产损失。面对突如其来的自然灾害，我们一定要坚决贯彻党中央、国务院、中央军委的决策部署，树立坚强决心，坚定必胜信心，发扬不怕牺牲、不怕疲劳、连续作战的作风，坚决打赢抗震救灾这场硬仗。

人类社会是在同自然既和谐相处又不断抗争中发展进步的。像我们这么大一个国家，幅员辽阔，地理复杂，自然条件差异很大，发生这样那样的自然灾害是很难避免的。中华民族能够走到今天，屹立于世界民族之林，是与在自然灾害面前百折不挠、敢于拼搏、善于斗争、经受洗礼分不开的。自然灾害不以人的意志为转移，我们无法选择是否遇到，但完全可以选择如何对待。我们当然不愿意看到灾害，但我们绝不惧怕灾害。一旦灾害降临到我们头上，我们只有直面它、战胜它。从这个意义上说，灾害也是一种特殊的财富，挑战也是一种难得的机遇。以自强不息的精神战胜这场地震灾害，是深入贯彻党的十七大精神的实际行动，是推进中国特色社会主义伟大事业的生动体现。

这场地震，震级之高，破坏力度之大，波及范围之广，我国30多年来罕见。可以想见，这次救灾工作极其艰巨、极其紧迫、极其繁重。对此，我们要有充分的思想准备。我们坚信，有以胡锦涛同志为总书记的党中央的坚强领导，有各级政府的组织指挥，有我国作为社会主义国家的强大社会动员能力，有改革开放30年来积累的雄厚物质基础，有中华民族"一方有难，八方支援"的优良传统，有多年来抗灾救灾的成功经验，我们一定能战胜这场特别重大的地震灾害。回眸过去，唐山大地震也好，1998年特大洪灾也罢，还是年初那场雨雪冰冻灾害，不是都被我们一一征服了吗？面对今天这场地震灾害，我们更有坚定的决心和必胜的信心。

"沧海横流，方显英雄本色。"历来视人民利益高于一切的人民军队，在人民生命财产安全受到严重威胁的危急关头，必须把打赢抗震救灾这场硬仗当做当前一项最紧迫、最重大的政治任务，切实肩负起人民军队的政治责任，紧急动员起来，发扬我军听党指挥、服务人民、英勇善战的优良传统，不怕困难，不怕疲劳，连续作战，勇往直前，哪里最需要就出现在哪里，哪里最危险就冲向哪里，哪里最艰苦就战斗在哪里。各级党委要加强对抗震救灾工作的领导；领导干部要身先士卒，奋战在抗震救灾前沿；救灾部队要千方百计克服困难，一往无前奋力开进，迅速到达救灾第一线，要千方百计抢救伤员，保护人民生命财产，不负党和人民的殷切期望，不辱人民军队的神圣使命，为夺取抗震救灾的胜利再立新功！

五、命题演讲

命题演讲是规定题目或范围，演讲者在充分准备的基础上所作的演讲。命题演讲要把握以下几个环节。

1. 充分准备

演讲大师林肯曾经指出："即使是有实力的人，若缺乏周全的准备，也无法做到有系统、有条理的演说"。经验不足和实力欠缺的演讲新手就更要进行充分的准备了。所以，充分准备对于演讲是十分必要的，其意义不仅在于可以保证演讲更有质量、更有把握，最为重要的是还在于能够使演讲者获得较强的信心。

怎样才是充分的准备呢？演讲者在演讲前要认真考虑下列问题。

（1）演讲前是否进行过听众情况统计，如年龄、文化程度、职业等，并根据这种情况的把握来确定你的目的与主题。

（2）是否知道听众对你所讲主题的了解程度、具备的知识及所持的态度。

（3）你在准备演讲材料时是否考虑到了影响听众理解的各种因素如宗教、政治、社会、价值观；是否考虑到了有利和不利的环境因素。

（4）你明白自己演讲的类型和场合情况吗？是年会还是宴会？是国庆节还是春节？等等。

2. 精雕细刻演讲稿

按照前文所讲述的演讲模板对每一个环节精心修饰，反复体味，把握以下要点。

（1）"凤头"。能在最短的时间里吸引听众的演讲开头就是好开场，这在演讲中起着至关重要的作用。历来，著名的演讲家都煞费苦心，希望在演讲的开头就能牢牢抓住听众，为自己的演讲奠定成功的基础。

（2）"猪肚"。要激荡饱满，有理有趣。演讲要求具有强烈的鼓动性，产生巨大的宣传效应，其内在的根本动力源自演讲要有令听者情绪波澜起伏或渐入高潮的感染力，也就是能唤起听众强烈的共鸣。事例最能说服听众，正所谓"事实胜于雄辩"。而经典事例则因其蕴涵丰富、深刻的情感或哲理，无须多言，往往一两例即能感动听众，使其折服。尤其是演讲高手，更能就地取材，即兴发挥，利用身边切题的典型素材，借助现场氛围为自己的讲演服务。这样才能出人意外地创造出震撼人心的轰动效应。成功的演讲者总能借此强调观点、升华感情，将其真诚的思想感情表现得淋漓尽致，把听众的情感不断引向高潮，把听众带到心潮澎湃、热血沸腾的佳境。情感一旦被激发，便立即使人精神振奋，全身心都处于高昂的积极状态，进而产生一种不可估量的能动作用，影响听众的意识，促成听众的行为。

（3）"豹尾"。演讲不能虎头蛇尾，而要有一个坚实有力的"豹尾"。演讲的结尾是演讲结构中的重要部分。好的结尾，可以使演讲意味无穷，为演讲增添光彩。成功的演讲者，都希望结尾时再给听众留下一个精彩的印象，都会在结尾处狠下工夫，避免演讲功亏一篑。

3. 反复试讲

林肯当年在葛底斯堡烈士公墓落成典礼仪式上所做的演讲可以说是名垂青史，至今还为人们所津津乐道。林肯在两周时间内反复琢磨思考，不断修改删减，多次面对白宫职员试讲，并虚心听取他们的意见，最后以十分简洁凝练的十句话作了这次符合身份、切合场景地点又满足听讲双方感情愿望的演讲。因此，在演讲稿完成后到演讲正式开始前，必须进行模拟试讲。

葛底斯堡烈士公墓落成典礼仪式上的演讲

林 肯

八十七年以前，我们的祖先在这块大陆上创立了一个孕育于自由的新国家。他们主张人人生而平等，并为此而献身。现在我们正进行一场伟大的内战，这是一场检验这一国家或者任何一个像我们这样孕育于自由并信守其主张的国家是否能长久存在的战争。我们聚集在这场战争中的一个伟大战场上，将这个战场上的一块土地奉献给那些在此地为了这个国家的生存而牺牲了自己生命的人，作为他们的最终安息之所。我们这样做是完全适当和正确的。

可是，从更广的意义上说，我们并不能奉献这块土地——我们不能使之神圣——我们也不能使之光荣。因为那些在此地奋战过的勇士们，不论是还活着的或是已死去的，已经使这块土地神圣了，远非我们微薄的力量所能予以增减的。世人将不大会注意，更不会长久记住我们在这里所说的话，然而，他们将永远不会忘记这些勇士们在这里所做的事。相反地，我们活着的人，应该献身于勇士们未竟的工作，那些曾在此地战斗过的人们已经把这项工作英勇地向前推进了。我们应该献身于留在我们面前的伟大任务——由于他们的光荣牺牲，我们会更加献身于他们为之奉献了最后一切的事业——我们要下定决心使那些死去的人不致白白牺牲——我们要使这个国家在上帝的庇佑下，获得自由的新生——我们要使这个民有、民治、民享的政府不致从地球上消失。

不给材料的说话技能训练——交谈技巧

交谈是一种有来有往的双边或多边的言语和情感的交流活动。交谈双方共存于一个交谈场合,交替充当说话者和听话者,二者是互相依存、互相作用的辩证统一体,忽视任何一面都可能导致交谈的中断和失败。作为谈话者,每个人都应努力提高谈话艺术;作为听话者不能完全苛求别人的谈话艺术,要理性地对待自己不愿听的批评、指责性的话语。这就需要我们提高倾听的素质,能动而灵活地理解别人的话语。良好的倾听及交谈素质可以从以下几方面来培养。

一、听话者的技巧

1. 专心倾听,能动理解

倾听应是交谈活动中的一种重要行为。当自己成为听话者时,对对方的谈话,应该专心倾听、能动理解。专心倾听,不仅要用耳,而且要用全部身心;不仅是对声音的吸收,更是对意义的理解。听话者如果对谈话内容漫不经心,采取消极被动的态度,左耳进右耳出,那就很难和对方进行交谈,更无法取得较好的谈话效果。听话者在采取专心倾听的态度后,还要对谈话内容进行能动理解。所谓能动理解,就是对谈话内容自觉努力地去接收和处理,即一方面用自己具有的科学知识、人生体验、实践经验去正确和全面理解;另一方面以谈话背景为参照,有重点有取舍地理解。

2. 换位思维,善解动机

一般来说,谈话者要谈问题、要批评或表扬人等,都有一定的动机。这个动机或者是善意的或者是恶意的或者是较隐蔽的或者是较显露的,或者是从主观需要出发的或者是从客观需求出发的。作为受话者要尽量善意地理解别人的谈话动机,即尽量寻找和发掘对方善意的说话动机、从客观需要出发的谈话动机。

如何听出别人的谈话动机要因人而异,因具体情况而定。有的人性格开朗,做事大大咧咧,说话心直口快。既然他说话者无心,我们又何必听话者有意呢?听别人的批评指责,应本着言者无罪、闻者足戒的态度,不仅不应轻易怀疑别人批评的诚意,相反还要尽量发掘别人的诚意。对待言词激烈、情绪异常、很不理智、一股脑儿倾泻的话语,更不能妄加猜测别人有某种不为人知的、含有敌意的动机。为了不因对方情绪的变化，而影响对谈话动机的善意理解，首先要换位思维，为对方的冲动寻找客观原因，从而给予谅解。其次要引导对方把他恼怒的原因说出来。一个公司的主管与外商未能达到预期的谈判结果，他窝了一肚子火，回来对下属说：你们这些人把事情办成了什么样子，存心和我作对吗？下属们听了丈二和尚摸不着头脑。其中小A猜测主管是冲着她来的，是想炒自己的鱿鱼，于是也大吵大嚷了起来。而小B心想：主管一贯是很和蔼的，今天大发其火，一定是有原因的。他等主管发完火平静下来后，对主管说：您的压力很大，能让我们一起承担压力吗？到底发生了什么事？主管于是说出了不顺的事，并主动为自己的不理智行为向大家道歉。

3. 忽略方式，注意内容

一般来说，谈话方式和谈话内容是相辅相成、具有内在联系的。作为谈话者，要尽量注重方式和内容的联系，运用既得体又富有艺术性的谈话方式。但作为听话者，首先要注重谈话内容，不要太计较别人的谈话方式，有时甚至要有意识地忽略一些不恰当的方式。

有的人喜欢以主观猜测的方式说出客观事实。如某领导对文书说：你不想在我这儿干了吧？所以将文稿写得这样糟糕。如果计较这种情绪化的批评方式，文书就会反唇相讥，不仅于事无补，而且会增加互相的误解。反之，对领导的话忽略方式，注重文稿不合要求这一事实，主动采取措施弥补，不仅能获得谅解，而且能使情况好转。

4. 正确对待言外之意

谈话语言有显性和隐性之分。显性语言直言不讳，言明意显，一听就懂，用不着用心意会。隐性语言本意不从语面上直接表露，而是意在言外。如果谈话者使用隐性语言，让听话者领会言外之意，听话者就要善于根据不同的情况，正确对待言外之意。需要正确对待的言外之意一般有以下几种：

（1）以友好的态度追求含蓄表达的效果。例如，有人问邓小平：你对有的人喜欢抬轿子怎么看？说话人用借喻的方式，表达他对一些社会现象的看法。听话者也应友好地对待言外之意，尽可能地应和说话人的话语，说出自己的看法。邓小平是这样回答的："轿夫多的地方，老爷必定多。有人喜欢抬轿子，主要还是老爷乐意坐，老爷不坐轿，轿夫就要失业。"

(2) 不敢直言，不能直言，只好闪烁其词，让人去领会言外之意。例如，1961年4月，刘少奇到湖南农村一个生产队去调查，问农民近年来的生活情况，人们没有直言，只是一个劲地夸1957年生活如何如何好，猪喂得肥，鸡鸭养得多，自留地东西多，肚子吃得饱。在抓辫子、戴帽子、上纲上线严重的时候，这是不得已的含糊其辞，所以刘少奇格外重视，慎重对待，从言外之意领会到农民真正的心声。

(3) 有意不实话直说，通过言外之意，产生冷嘲热讽的效果。例如，在一次工作会议上，一个部门领导正侃侃而谈，下面一个人听得不耐烦了，突然高喊："真臭！真臭！"这是以不友好的态度，表明言外之意，即你的讲话太长，内容太糟糕了。听话者一方面要重视言外之意，了解他人的情绪，并尽量想办法缓解这种情绪，如压缩谈话内容等；另一方面也不要计较和追究言外之意，甚至有意识地只理解语面意思而忽略言外之意，比如可以报以容忍的微笑说："这个同志说的环境污染问题，正是我们大家都应十分关注的问题"。正确对待言外之意，不仅可以体现听话者的胸怀和智慧，而且有助于了解情况、分析问题和融洽气氛。如此，准确地解读别人的身体语言和善用自己的身体语言，对于我们了解别人、传递信息和做出准确的判断都是极为重要的。

二、说话者的技巧

与人交谈，有时可能"话不投机半句多"；而如果说话投缘，就会"言逢知己千句少"，给交际架起绚丽的彩虹。那么，与人交谈时，如何才能把话说到别人心坎上去呢？

1. 根据别人的兴趣爱好说话

人们因职业、个性、阅历及文化素养等方面的不同，兴趣和爱好也有所不同。而且，有些人的兴趣、爱好还会因时因地而有所不同。例如，有的人年轻时对垂钓感兴趣，而到了晚年，却爱好养花种草。而你若知道你的交际对象对某方面感兴趣，你与之交际时如果先谈些与其兴趣有关的话题，对方就容易向你打开话匣子。

有位青年向一位老医生求教针灸技术，为了博得老医生的欢心，他在登门求教前作了调查。他了解到老医生平时爱好书法，就浏览了一些书法方面的书籍。起初，老医生对他态度冷淡，于是，青年人根据老医生爱好书法的特点,采取了如下两个方法与之交谈:① 伺机赞赏。当青年人发现老医生案几上放着书写过的字幅时,便拿起字幅边欣赏边说:"老先生这幅墨宝写得雄浑挺拔、开阔雄伟,真是好书法啊!"对老医生的书法予以赞赏,促使老医生升腾起愉悦感、自豪感。② 激发兴趣。接着,青年人又说:"老先生,您这写的是唐代颜真卿所创的颜体吧?"这样,就进一步激发了老医生的谈话兴趣。果然,老医生的态度转化了,话也多了起来。接着,青年人对所谈话题着意挖掘,环环相扣,致使老医生精神大振,谈锋甚健。终于,老医生欣然收下了这个弟子。

2. 根据别人的性格特点说话

平时,我们面对的交际对象性格迥异,如有的人生性内向,不仅自己说话比较讲究方式方法,而且也很希望别人说话有分寸、讲礼貌。因此,与这样的交际对象交谈时,要注意说话方式,尽可能地对其表现得尊重和谦恭些。例如,某青年与一老知识分子在火车上一路同行,青年人欲借老知识分子的钢笔写字,就说:"喂,钢笔给我用一下。"然而,老知识分子是位颇讲究修养的人,他见青年如此失礼,便把头扭向一边,没理青年人的茬。倘若,青年人知道老知识分子的性格特点,把话换成:"请问老先生,把您的钢笔借我用一下行吗?"其结果可能就截然相反。

也有的交际对象性格比较急躁、直率,讲话犹若拉风箱般直来直去,同时也不太计较别人的说话方式。那么,与这样的交际对象交谈时就要开门见山,不要兜圈子。有位大学毕业后初涉社会的青年人欲让某厂长招聘其为厂办秘书,在厂长面前作自我推销时说话拐弯抹角,半天不切题旨。他先说:"厂长,你们这儿的环境不错"厂长点了点头。接着,青年人又说:"现在高学历的人才是越来越多了。"厂长还是点了点头。尔后,青年人又说:"厂办秘书一般要大学毕业,要比较能写吧?"青年人的话兜了一个圈子,还是未道出自己的本意。岂料,这位厂长是个急性子,他喜欢别人与他一样,说话办事干脆利索。正因为青年人未摸透厂长的性格,结果话未说完,厂长便托辞离去,青年人的想法化成了泡影。

3. 根据别人的潜在心理说话

话要说到别人的心坎上,就要注意揣摩你的交际对象心里在想什么。如果你说的话与对方的心理相吻合,受话人就乐于接受;反之,你说的话就会使受话人产生排斥心理。例如,某丝织厂缫丝车间女工小王创造了该厂接线头操作的最高纪录,引起了厂长的极大兴趣。此刻,生产科长根据厂长的潜在心理随即建议说:"厂长,我们是否召开一个技能操作现场会,让小王现身说法介绍操作经验,这样就能以点带面,大幅度提高生产效益。"结果厂长当即采纳建议并对生产科长的想法大加赞赏。

4. 根据别人的不同身份说话

我们在生活中经常要与不同身份的人交际说话,因此针对不同的身份,所选话题也应有所不同,即要选择与之身份、职业相近的话题。例如,你在旅途上遇到了一位农民,如果你把话题引向现代女性的美容上去,就是"驴唇不对马嘴"了。倘若你说:"大叔,今年的收成咋样啊?每亩地的包谷能收多少?"这样,就能激起对方与你谈话的共鸣点和兴奋点。

5. 注意"避人所忌"说话

(1) 忌主动提及别人的隐私。客观地说,每个人都有一些不愿公开的秘密。尊重别人的隐私,是尊重他人人格的表现。所以,当你与别人交谈时,切勿鲁莽地随意提及别人的隐私,这样别人就会觉得你遵循了人际交往的"礼貌原则",因此便会愿意跟你交谈和交往。反之,你若不顾别人保留隐私的心理需要,盲目地触及"雷区",不仅会影响彼此之间谈话的效果,而且别人还会对你产生不良印象,进而损害人际关系。比如,别人的恋爱、婚姻正遭遇某种挫折,而且又不愿向旁人透露时,你若在交谈中一味地刨根究底,就会引起反感。

(2) 忌主动提及别人的伤感事。与别人谈话时,要留意别人的情绪,话题不要随意触及对方的"情感禁区"。比如,当你的交谈对象正遇到某种打击,情绪很沮丧时,你与之交谈,对方又不愿主动提及伤感的事,你最好回避这类话题,以免使对方再度陷入"情感沼泽",进而影响彼此间的继续交往和交谈。

(3) 忌主动提及别人的尴尬事。当别人在生活中遇到某些不尽如人意之事时,你若与之交谈,最好不要主动引出这一令人尴尬的话题。比如,别人正遇上升学考试不及格,抑或提拔升迁没如愿,抑或某项奋斗目标未获预期的成功等,而别人又不愿主动向你诉说时,你若不顾别人的主观意念而主动问及此事,那么你的交谈对象就会因此陷入尴尬,进而对你的谈话产生排斥心理。

总而言之,与人交谈时,说话方式上的"投其所好"与"避人所忌",是两个不同侧面的统一体。社交说话时,如果能较好地运用上述方式方法,就能把话说到别人的心坎上,就会使你"言到成功"。

三、交谈时的礼仪

交谈是人际间增进了解和友谊的重要手段,也是一种增长见识、获取间接经验的好形式。交谈时的礼仪主要有以下几种。

1. 声音与姿态

在正式的社交场合,即使是熟人,谈话的声音也不宜过高,以免妨碍他人,引人反感侧目。与人交谈时,表情要自然,语言和气亲切,表达得体。可适当做些手势,但动作不宜过大,特别是不要伸手指对人指点;与对方之间的距离要适当,距离较近时,避免正面相对,以防唾沫相溅。参加别人谈话要先招呼;别人在个别交谈时,不要凑前旁听;若有事需与某人说话,应待别人说完;有人主动与自己说话,应表示乐于交谈;第三者参与谈话,应主动点头微笑或握手表示欢迎;谈话中遇有急事需处理或需要离开,应向谈话对方打招呼,表示歉意。

交谈时,无论是坐是站,身体都不要太拘谨,但也不能太放松,以免显得懒散松垮,对人不薄重。聆听他人谈话时,眼睛应该有礼貌地注视对方,并适当地点点头,以示专心。

2. 话 题

在社交场合,应选择大家都可以介入、都方便发表意见的话题,如现场气氛、环境布置、天气、当日新闻等,不要只谈个别人知道的事而冷落了其他人。

话题不要涉及他人的隐私。例如,对女士不宜问年龄、婚否、衣饰价格等,也不宜用身体壮、保养好等涉及身材方面的模糊用语;对男士不应问钱财、收入、履历等;不应随便议论他人的宗教信仰和政治信仰,以免犯忌;遇到不便谈论的话题,不轻易表态,应适当转移话题以缓和气氛;涉及对方反感的问题,应及时表示迁移;男士一般不参与女士圈内的议论;与女士谈话要宽容、谦让、尊重对方,不应随便开玩笑。

3. 礼貌用语

交谈时应注意使用礼貌用语。常用的礼貌用语有您好、请、谢谢、对不起、没关系、打搅了、再见等。与人打招呼时说"您好";对他人提出要求时说"请";得到别人帮助时说"谢谢";给人添麻烦时说"对不起"或"打搅了";别人向自己致歉时说"没关系";与人分手时说"再见"。礼貌用语应注意的事项如下:

(1) 谈话现场超过三人时,应注意与在场的所有人攀谈,不要只顾与一两个人谈话而不理其他人;注意不要一人说得太多,应给每个人以发表意见的机会。

(2) 要善于聆听对方谈话,不可轻易打断别人发言,特别不要老看表、随意走动、打哈欠等。这样显得烦躁而不重视对方。

(3) 交谈时遇有争论,应注意以礼相陈,不要恶语相加,不要使用挖苦、讽刺的语言刺激对方。

(4) 到别人家去做客交谈,一般以不超过两小时为宜;如果主人没有主动邀请您就餐,应在开饭前一小时左右找借口离开,不要等马上开饭才起身告辞。

即兴演讲训练

即兴演讲又称为即席演讲,它是一种事先无充足时间准备而临时决定实行的演讲。

即兴演讲因其是无充足时间准备、临时决定的演讲,因而它不容演讲者深思熟虑,字斟句酌,这就需要即兴演讲者具备敏锐的观察力、丰富的知识储备、良好的综合概括分析能力和思想观点快速组合的能力,具备随时准备演讲的心理状态。

"生活场景式"即兴演讲是根据各种生活场景中的中心事件和听众对象而发,是在特定的场合中以特定的身份,针对特定的事情和特定的听众对象而言的。要成功地进行"生活场景式"即兴演讲,必须把握如下几点:

1. 把握现场气氛,即景生情

生活是五光十色的,不同的场景有不同的色彩和情势,各种特定场合有各种不同的现场气氛,或庄重严肃,或轻松欢快,或喜庆热烈,或悲伤惋惜等。即兴演讲的感情基础一定要与场合气氛和谐一致,才能使听众产生好感,反之则会大煞风景,使人难堪,自己的形象也会黯然失色。

下面的《在老同学聚会上的发言》,就是遵循老同学聚会这一特定气氛,从忆过去、叙旧情入手，发表了自己对人生的体验，概括了同学们20年来的奋斗历程，表达了老同学间的深厚情谊。

同学们：

今年七月，恰值我们中学毕业20周年，有人提议搞一个同学聚会。承蒙大家公推我这个"老班长"主持，盛情难却，我就不推辞了，谢谢大家！

20年前，也是这样一个火辣辣的盛夏，我们相约在株洲公园照相作别——几天后，该上山的上山、该下乡的下乡，该去湖区的就下湖了。我一直珍藏着这张合影，它使我想起一个时代、一段历程和一种难以割舍的情感。20年前，由于历史的荒唐，有六七个同学没有参加我们的毕业合影。今天，除远在宣化的中校军官孙辉外，同学们都到了！历史真是大筛子啊，筛去了幼稚、无知、误会，而留下的是纯挚的友谊！

刚才东道主史君问我，喝点什么饮料？我说，来杯咖啡吧！咖啡，加点方糖，甜中有苦，苦中带甜，二者混杂在一起有一股令人难忘的味道，我想它正好与我们这一代人的遭遇相似，与我们对人生回味的感觉相同。这些天，我曾与一些同学长聊，我感觉到，这20年，我们每个同学都可写一部奋斗史。就拿王英来说，她回乡后不久就当了民办教师，前几年才转正。默默无闻地在小村庄里教了15年小学，生完孩子刚满月的第二天就上了讲台——乡下缺教师啊！她教的学生中有两个考上了大学、五个上了中专。同学恭维我，说我们班就数班长有出息，大学毕业留在了北京又当上了干部。我想说，大家都有出息，都拥有无悔的青春无愧的人生！

我记得我们班有34个人，其中30人是属牛的。是的，我们是属牛的，牛的忍辱负重，牛的吃苦耐劳、一步一个脚印，正是我们这伙人精神的写照。今天这个聚会是由我们的"老体委"大吴赞助的，这几年做生意他成了我们这一班人的"首富"。我原来想，同学们聚会，大家分担一点开支。大吴以为我瞧不起他，动情地说："班长，我可没有赚过一分昧心钱，你信不信？"我信，因为我们同属牛。对生活，对人生，对社会真诚，是我们那个集体，那个时代给予我们的最伟大的馈赠。如果允许我再过一次人生，我愿意再重温我们过去那段生活。回过头去看，那短暂的几年在我们的精神上留下了许多、许多……

相见难，相别更难。20年后才第一次重聚，委实是太难了。人大了，也开始变老了，尤其我独处异乡有时候会忽然想：人在生死之间的情感。有同学建议，5年一小聚，10年一大聚，我很赞同。5年就不好，10年，也就是毕业30周年纪念，我一定回来。那一年，正是20世纪的最后一年，我想这

43

样的聚会更会令人难忘。我相信那一天,每一个同学一定会有新的成果,一定会有新的感受,一定会从心底发出:我们活得很充实,我们无愧于那个曾经拥有的充满青春活力的集体!

谢谢大家!

2. 了解听众,把握讲话分寸

在各种场合的即兴演讲中,有时听众的构成较单一,有时听众的构成则复杂。只有了解听众的身份、年龄、职业、知识修养、思想感情等方面的差异,才能出言得体,分寸适度,恰到好处。

例如,1990年央视春节晚会上台湾电视节目主持人凌峰的即兴演讲。凌峰初次与大陆电视观众见面,又是在收视率最高的春节晚会上,面对这样复杂、众多的观众,他抓住观众的共性,不仅诙谐有度、妙趣横生地介绍自己的身份,而且增添了春节晚会上的欢乐气氛,使自己在一夜之间成为家喻户晓的明星。

在下凌峰,我和文章不一样,虽然我们都得过"金钟奖"和"最佳男歌星"称号,但是,我是以长得难看而出名的(掌声)。两年多来,我在大江南北走了一趟——拍摄《八千里路云和月》,所到之处呢,观众给予我们很多的支持,尤其是男观众对我的印象特别好。因为他们认为本人长相很中国(笑声、掌声)。中国五千年的沧桑和苦难全都写在我的脸上(笑声、掌声)。一般来说,女观众对我印象不太良好:有的女观众对我的长相已经达到了忍无可忍的地步(笑声、掌声)。她们认为我是人比黄花瘦,脸皮比煤球黑(笑声)。但是,我要特别声明:这不是本人的过错。当初没有征得我的同意就把我生成这个样子(笑声、掌声)。但是,时代在变、潮流在变、审美的观念也在变,如果你仔细归纳一下,你就会发现,现在的男人基本上分为三种:第一种——你看上去很漂亮,可看久了以后,就觉得他没有什么男人味道,这一种就像我的好朋友刘文正这种;第二种——你看上去很难看,看久了以后是越看越难看,这一种就像我的好朋友陈佩斯这种;第三种——你看上去很难看。看久了以后你会发现,他有另一种男人味道,这种就是在下我这种(笑声、掌声)。鼓掌的都表示同意了!鼓掌的都是一些和我长得差不多的(笑),真是物以类聚啊!接下来按规矩我迎接挑战,带来一首歌曲,叫做《小丑》。

3. 把握现场气氛,借题发挥

不同生活场景以不同的事情为中心,不同的事情有不同的意义。即兴演讲既然是因这件事而发，那么必须准确把握这件事的实质性意义，才能获得即兴演讲的成功。

4. 把握自己身份，新颖别致

在各种生活场景中的讲话之前，都必须考虑清楚，演讲者与听众之间的是怎样的，是站在哪个角度，以怎样的身份，代表谁来讲话——或同学，或同事，或上级，或客人，等等。只有这样，演讲才会新吸引人。

我为什么报考导游

各位主考：

晚上好！

本来我想朗诵一首诗，但看了前面十几位考生的口试后，我忽然醒悟到：导游工作更多的是娓娓而谈，才能更好地完成导游任务。因此，我在这儿想和各主考说说心里话，题目呢，叫《我为什么报考导游》。

我报考导游，有两个不利的条件：

第一，是我的年龄。你们的启事上说是招19~24岁的，而我却已经30岁了。不过，任何事物都不是绝对的。一方面我可以通过充满青春活力的热情和幽默来弥补；另一方面，年龄大些或许正可以成为成熟、稳重、可信的标志呢！——而这一些，好像正是导游工作所需要的呢！

我的第二个不利是我的性别。毋庸讳言，导游工作，大多是愿意由温柔美丽的女性来干的。但是，当今世界，导游已不是女子的专利权了。在某些情况下，具有男性阳明之气的导游或许会备受青睐呢！

因此，我来了。因为我知道，报考导游我还有七个有利条件！

第一，我热爱导游工作。

第二，由于我的职业关系，夏季烟台这个旅游的黄金季节，正是我们中小学放假的时候，我有充裕的时间。我可以做到招之即来，来之能战。

第三，由于长期坚持锻炼身体，我有充沛的精力和体力。我可以胜任长途奔波，连续作战的任务。

第四，由于对家乡的热爱，由于对史地知识的爱好，我相信我可以在烟台市范围内的导游工作中做到有问必答，有疑必解。

第五，由于在大学四年中经常有外地同学来烟台，由我为他们担任向导，所以，我自认，已具备了初步的导游工作的实际经验。

第六，经过6年的教师工作锻炼，我认为自己的普通话和表达能力均能胜任导游工作。

第七，我的性格气质属于多血质型，从心理素质上讲，适应环境的能力和应变能力也较强，而这种心理、气质型，正是被认为做导游工作最适宜、最优秀的一类类型。

所以，我来了，并且相信，如果我被录取，我一定不会辜负你们——各位主考的选择！

任务训练：

1. 复述训练

（1）选一篇微型小说，先认真听读两遍，然后编写复述提纲，找两名同学按提纲进行详细复述，其他同学进行评议。

（2）请一名同学朗读一篇议论文，其他同学边听边记录要点，然后请一位同学进行详细复述，其他同学进行补充、修正性复述，老师作最后的评点。

（3）观看电影《集结号》，详细复述电影的来龙去脉。

2. 描述训练

观察描述：

（1）找一幅图，边观察边进行描述。

（2）描述本班一个同学的肖像，不说姓名，让大家猜猜是谁。

回忆描述：描述你接到大学录取通知书时的心情。

场面描述：描述一场球赛或一个超市，等等。

3. 解说训练

用比喻法解说本专业课程中的某一抽象知识点。

4. 命题演讲准备训练

假如你被任命为班级或校学生会的某一干部，班级或学生会要求你发表一次就职演讲，你应该做哪些准备？

5. 命题演讲训练

请拟出《理想与现实》演讲稿的思路提纲。

6. 命题演讲训练

阅读下面的材料,针对规定的角度,提炼演讲的主旨和题目。

笼里养着两只母鸡,一只爱唱,另一只爱静。主人根据母鸡下蛋报唱的现象,以为每天出现在笼里的鸡蛋都是那只爱唱的母鸡生的,因此很偏爱它,捉的蟑螂也是专喂给它吃。日子久了,秘密被揭穿了:原来那只爱唱的鸡下蛋很少,而不叫的鸡则是一天一个,而且蛋刚落地就一声不响地离开了窝,由那只爱唱的鸡在旁边大喊大叫。

（1）从母鸡和主人的角度;
（2）从两只鸡的角度;
（3）从下蛋不唱的母鸡的角度;
（4）从爱唱的鸡的角度.

7. 交谈训练

以我的家乡为中心话题,以推荐的方式选取 4 名同学当向导,分别介绍自己家乡的景点,介绍时间控制在每人 5 分钟之内;由游客自由提问,交谈时间 10 分钟左右;最后由同学进行举手表决,以愿意去某个景点的游客最多者为胜。

8. 即兴演讲训练

词语拈连:

（1）首字拈。由一人先说一句成语,这个成语的第一个字必须是下一个人说的成语的首起字,例如当第一个人说出"自以为是"后,接下来的便是"自食其力"、"自顾不暇"、"自力更生"……

（2）末字拈。第一个人所说成语末尾一字是后面接话人说的成语的首起字,如"前所未有""有始有终""忠心耿耿"……

（3）首字数字拈。即接话者从前一个人讲的第一个字所表达的数字顺序接下去,如"一步登天"、"二龙戏珠"、"三顾茅庐"、"四世同堂"、"五花八门"……

（4）首字成句拈. 先提出一句成语,然后依此话每字按序各说一句成语。如提句为:刻苦学习为四化,依次为"刻不容缓"、"苦尽甘来"、"学而不厌"、"为富不仁"、"四海为家"、"化整为零"。

看图作文:

根据老师提供的漫画,做一篇短小的口头文章,时间不得少于两分钟。

评价标准：

（1）与人交谈时能够在没有事先准备的情况下边想边说，完整流畅地表达自己的意思；能准确根据对方心境表达，有针对性，说服力强，语言清晰、简练、流畅、幽默。

（2）演讲时语言准确、生动、流畅，讲普通话；说服力、感召力强；态势语自然，表达力强。

（3）辩论时语言明确、简洁、锋利；反应迅速敏捷，应变力强；立论正确，论据充足；逻辑严谨，辩驳力强。

任务六　面对不同对象的语言表达技巧

任务提出： 面对不同对象的语言表达技巧。

任务目标： 初步掌握面对不同交流对象的语言表达技巧，具备与不同交流对象得体说话的能力。

相关知识： 1. 基础知识。

　　　　　　2. 拓展知识。

任务分析： 与父母说话训练、与朋友说话训练、与陌生人说话训练。

基础知识

说话的原则和技巧

一、与父母说话的原则和技巧

1. 理解父母

理解父母，相信父母是爱子女的；了解父母也是平凡人，也有可能犯错，也需要关怀；了解父母的成长背景、个性、面对的生活压力、困境和担心；视父母为朋友。

2. 尊重父母

（1）称呼。与父母讲话要有体现尊重的称呼，如"爸爸""妈妈"；"爸"

"妈";"老爸""老妈"。一声亲切的呼叫,能让父母心里甜蜜蜜的。直呼父母的名字,不符合中国文化传统习惯;没有任何称呼,直接说事儿,会让父母心中不悦;用"哎""嗨""喂"等呼叫语,会让父母心寒。

(2)姿势。站着与父母交谈,身体不宜左右晃动;坐着与父母交谈,上身要正直,一般不要把背完全靠在椅子上。交谈可辅以适当的手势,但动作不要过大,更不要手舞足蹈。

(3)神态。神情专注,注视父母,表情自然;不能左顾右盼,心不在焉,更不要边看书报边交谈,或在交谈时做小动作。

(4)语气。语气诚恳,表达得体,语气不宜太重。

(5)声调和节奏。声调不要太高,节奏不宜太快。

(6)倾听。要善于聆听父母谈话,不轻易打断父母的发言;必需插话时,要先打个招呼。

3. 说服父母的技巧

利用类比讲道理;用长辈的期望作为武器;多向长辈请教和商量;坚持自己的态度。

4. 父母吵架时的劝说技巧

冷静调节;好言相劝,不急不躁;晓之以理,动之以情;然后尽量大事化小,小事化了。

5. 面对父母责骂的技巧

不说过激的话;耐心聆听,适当解释;不顶牛。

二、与朋友说话的技巧

1. 尽量不在朋友面前炫耀自己,学会分享对方的得意

在别人面前过分炫耀自己的优点,会被别人认为是不能正确估量自己。在朋友面前,千万不要炫耀自己的得意,他不愿听到这样的消息,如果你只顾炫耀自己的得意事,对方就会疏远你,于是你就会在不知不觉中就失去一个朋友。聪明的人会将自己的得意放在心里,而不是放在嘴上,更不会把它当做炫耀的资本。多谈朋友关心和得意之事,这样可以赢得对方的好感和认同。每个人都非常重视自己,喜欢谈论自己,都希望别人重视自己、关心自

己。如果你让他谈出自己的得意，或由你去说出他的得意，他肯定会对你有好感，肯定会与你成为好朋友的。

2. 把朋友的隐私当回事，为朋友保守秘密

朋友之间经常会相互倾吐内心的隐秘。朋友将他的隐私说与你听，是希望你能给予他一些心理上的关怀。比如，他告诉你他心情不好，是希望得到你的安慰；告诉你他工作上有了成果，是希望得到你的肯定；他和女朋友分手了，找你喝酒聊天，并不是为了告诉你他有多么痛苦，而是希望有个朋友能陪他一起坐一坐，理一下头绪；他工作上遭遇了挫折，找你倾诉，是希望你能给予一些建议和引导，即便提供不了非常好的建议，轻松地聊聊天也是好的。但是，这些都是你们之间的私事，不应当公开化。

朋友把自己的"隐私"告诉了你，即使没有叫你保密，也证明了他对你的信任。对此，你只有为他分忧的义务，没有把这种"隐私"张扬出去的权力。如果不能做到保密，而热衷于流言蜚语，将朋友的秘密公之于众，就可能引起不少人的风言风语，甚至将事实歪曲。这样，不仅不利于解决问题，还可能会将事情弄糟，让朋友饱尝痛苦和羞愤。

一个喜欢把他人的隐私当成笑料来说的人，是很不可靠的，至少嘴巴上靠不住。而且，闲来无事就喜欢背后说人家的坏话，很容易被人当成搬弄是非的人。你不仅会因此失去朋友，甚至会失去周围同事对你的信赖，最终成为孤家寡人。

不论遇到任何事情，你都要明白：交友之道在于对朋友的忠诚度。只有相互忠诚的朋友，才能让友谊地久天长。忠于朋友，能帮助朋友保守秘密，才能获得朋友之间彼此的信任。

3. 不能随意暴露朋友的短处，触及朋友的痛楚

自尊心，是人最重视的，是不允许任何人侵犯的圣地。

《韩非子·说难》篇中曾对龙做了如下描述：龙的性情非常柔顺，人们可以和它亲近，甚至可以把它作为自己的坐骑。然而，它的喉下有一块长约尺许的逆鳞，如果有人触摸了它，那么它必然会发怒，以致伤人致死。

其实，岂止龙有自己的忌讳之点，世界上每一个人都有自己的忌讳，也就是常说的"短处"。鲁迅笔下所描绘的阿Q和孔乙己、祥林嫂都是我们大家所熟悉的人物。他们虽然性格各异，但在他们身上却有一个共同的特点，那就是都有一处最怕人触动的"短处"。阿Q最怕的就是有人说他头上的疤，

谁要是犯了这个忌讳,他准会去找人家拼命,小D就曾为此领教过他的拳脚。孔乙己最怕人揭他的短,揭了他的短,他便涨红了脸、强词夺理、竭力争辩。祥林嫂的忌讳是她曾嫁过两个男人,这是她精神上最大的负担和面子上最大的耻辱,她捐过了门槛后,本以为自己变成了干净女人,动手去拿供品,但四婶大喊一声,使她旧病复发,精神崩溃了。

人们之所以有忌讳,怕别人揭自己的短处,说到底是自尊心问题,即怕脸面上过不去。所以,你若想获得朋友,就一定不要触动他们的短处。

大凡具有一定修养、品德高尚的人是从不揭人之短的,这样的例子在历史上比比皆是。据唐朝封演的《封氏闻见记》记载:曾做过唐朝检校刑部郎中的程皓,从不谈论别人的短处。每逢朋友中间有人说他人的坏话时,他从不跟着掺和,而且还说:"这都是大家乱说的,其实不是这样。"然后再说一番他人的好处。像程皓这样的人能不赢得他人的好感吗?人们肯定会愿意与这样的人交朋友。

通常,人们对于自己的忌讳极为敏感。由于心理作怪,往往把别人的无意当成有意,把无关的事主动与自己相联系。有时,你随口谈一点什么事,也很可能被视为对他的挖苦和讽刺,正所谓"说者无意,听者有心"。因此,我们不仅应避免谈论别人的忌讳之点,同时也应注意不要提及与其忌讳之点相关联的事物,以免造成对方的误会,以至使他的自尊心受到无谓的伤害。

俗话说:"当着矮子不说短话。"对于个头低矮的人,最好是不要提及"短""小"以及"木墩""武大郎"等与矮小相联系的话语,免得他由多心而伤心。

对于犯过罪、判过刑的人,最好不要提及"监狱""罪犯"等与他的忌讳相关联的事。否则,他会认为你在指桑骂槐。

孟子说:"恭者不侮人,俭者不夺人。"荀子说:"与人善言,暖于布帛;伤人以言,深于矛戟。"古人的话语非常值得记取。

人生在世,各有所长,各有所短。若以我之长,较人之短,则会目中无人;若以我之短,较人之长,则会失去自信。这是人际交往中尤要注意的一点。

4. 不能对朋友说话尖酸刻薄

有些人不说话唯恐别人不知道自己口才好,没话找话要挑剔评价别人。我们应注重友情,应该以平等、宽容和理解的心态来对待对方。

5. 朋友之间也要说"不"

朋友之间常常有事相托相求,这是正常的。但也有的人相托相求的事常常超出原则范围和客观现实,比如有的朋友托你办的事超出了你的承受能力,是你无能为力的;还有的朋友托办的事是违背你的主观意愿的,等等。如果遇到此类情况,作为朋友,你应该果断地说一声"不"。因为,首先,违反原则的事,你若干了,一旦东窗事发,你与朋友都将沦为阶下囚或违纪者;其次,超越你承受能力的事,你无能为力,如果不说明情况予以拒绝,反而会因为事办不成而伤害彼此友谊;再次,有违你意愿的事你不拒绝,会影响你与其交往的情绪。与朋友说"不"应该讲究方式方法,不可态度生硬,冒冒失失。常用的方法有:① 可耐心劝阻,言明利害关系;② 如实说明情况,让朋友理解你的难处;③ 迂回婉转处置,巧借其他方法帮助完成朋友委托之事。

6. 帮助朋友解围,会增进友谊

在和朋友相处的过程中,难免会遇到一些尴尬的事情,让气氛骤然紧张、难堪。学会替别人找个下台阶的借口,不仅会缓和对方紧张的心理,让事情得到顺利发展,而且还会让彼此的友谊得到进一步的增进。

三、和陌生人说话的技巧

1. 心理准备

与陌生人交谈,首先要克服心中害怕交谈的思想。要有这样一种想法:就算是被人拒绝了,也是小事一桩,也不值得你尴尬。

2. 表情和动作

要给对方一个友好的、想交谈的信号:微笑和点头示意。

以上说的是与陌生人比较随意地交谈之前的准备,如果是正式的见面,在微笑点头之后还需要问候、自我介绍和握手。

3. 礼节性的开场白

在开始交谈后,你应尽量问一些礼节性的问题、封闭的问题。比如:"你好像经常来这,是么?我在这见过你好几次了";"你好,我叫……",等等。如果对方做自我介绍的话,一定要注意努力听清对方的名字,这段时间不要想自己应该说什么。记住别人的名字很重要，在开始正式交谈之前，称呼对方的名字，会让对方觉得你很有礼貌。

4. 寻找话题

与陌生人交谈，寻找合适的话题很重要，这种话题一是要轻松，二是要彼此都感兴趣，才能够将交谈进行下去。

轻松的话题，一般就是时尚流行的事物、娱乐新闻、体育赛事、健康知识，等等。

彼此感兴趣的话题，就是要用心揣摩对方的爱好，寻找共通点。

任务训练：

1. 讨论下面这样和父母说话错在哪里，应该怎样说

（1）好了，好了，知道，真啰嗦！
（2）有事吗，没事？那挂了啊。
（3）说了你也不懂，别问了！
（4）跟你说了多少次不要你做，做又做不好。
（5）你们那一套，早就过时了。
（6）叫你别收拾我的房间，你看，东西找都找不到了！
（7）我要吃什么我知道，别夹了！
（8）说了别吃这些剩菜了，怎么老不听啊！
（9）我自己有分寸，不要老说了，烦不烦。
（10）这些东西说了不要了，堆在这里做什么啊！

2. 分析下面案例，指出说话技巧

（1）大学生小王毕业后想自己到南方闯一闯，他的爸爸不放心，给他在本市找了一份工作，希望他留在父母身边。怎样谈才能说服爸爸呢？经过一番准备，小王心平气和地对爸爸说："爸，我常听奶奶说，您十八岁就离开奶奶到外地上学，毕业后来还自己找到工作，独立奋斗到现在，真佩服您。我现在都比您当时大三岁了，想自己出去闯闯，您也会支持我吧？"听儿子这样说，父亲便不再坚持自己的想法了。

（2）刚刚毕业的小张在一家公司找到了工作，而父亲却不同意儿子的选择，托人要给他联系某国家机关。小张是这样说服对父亲的："爸，这个公司我也详细地了解过了，很有前途，生产的都是高科技的产品，和我所学的专业也挺对口。国家机关是好，可是人才也多，我要在那里做一番事业恐怕机会不多。但在公司就不同了，总经理已经要我马上将技术工作拿起来，这个机会多好啊。我从小就一直靠你们，现在我大了，这个决定就让我自己作一回吧！"听了这些话，父亲自然也就不再坚持自己的观点了。

（3）女儿打破了爸爸的古董茶壶，不同的解释效果截然不同。第一种解释："爸爸，我给您泡了好几年的茶，都很小心很小心，可是刚才不知道怎么手一溜，把茶壶打破了。"她爸爸乍听虽然大吃一惊，很心疼自己的宝贝茶壶，可是他还是没生气，居然还安慰女儿说："唉！破了就破了吧！买新的。你没被伤到吧？"第二种解释：女儿跟爸爸说把她茶壶打破了。爸爸立即跳起来就问："什么？"女儿说："我从来都很小心，而且给您泡了好几年的茶……"，爸爸反而更火大了："你还强辩？"

3. 指出下面案例错在哪里

（1）小李的父母因为看电视调频道在客厅里大声争吵。小李把自己房间的门关上，任凭父母怎样吵，也不出来过问。

（2）小李的父母因为看电视调频道在客厅里大声争吵。小李冲出自己的房间，大声责怪他们："别吵了。我不管你们什么原因，你俩都不对。"接着，小李把爸爸数落一顿，不偏不向；又把妈妈也数落一顿。爸爸妈妈都不服气，埋怨小李不了解情况。结果，一家三口吵成一团。

（3）小李的父母因为看电视调频道在客厅里大声争吵。小李帮着妈妈批评爸爸："您看电视也得顾及妈妈的喜好，您总是看球赛，就不能陪妈妈看看电视剧吗？"爸爸见小李站在妈妈一边指责自己，非常生气："你不了解情况，你妈妈天天看电视剧，世界杯四年才一次，我就不能看看吗？"

4. 模拟训练

（1）父母吵架后一般会出现三种情况：
① 双方僵持，谁也不肯让步；
② 吵架后，双方都感到后悔，但出于自尊，都羞于主动启齿和好；
③ 一方想和好，另一方却怒气未消。

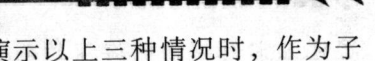

学生每组设计一个父母吵架的情景，分别演示以上三种情况时，作为子女应该怎样劝解。

训练后，选出"能说会道"子女小组。

（2）父母怪你电话费花得太多，你应怎样说？

（3）父母唠叨你学习成绩下降，你应怎样说？

5. 分析下面案例

（1）高三（2）班期中考试成绩公布了，小梅因考得不太理想，晚饭后一个人心不在焉地在寝室擦地板，因为今天恰好轮到她值日。同班的小红这次考得很好，兴高采烈地在球场上蹦跳了一番回到寝室，看见自己的鞋子被水弄湿了，顺口一句："怎么搞的，地板都拖不好！"没料到，平时文文静静的小梅竟勃然大怒，将拖把一扔，涨红着脸大声吼道："你行！你行！你什么都行！"说完就趴在被子上哭了起来。一对好朋友从此有了隔阂，时隔好久还互不理睬。

请你说说小红无心得罪了朋友小梅，她错在哪里呢？

（2）一次，有人约了几个朋友来家里吃饭，这些朋友彼此都是熟悉的。主人把他们聚拢来主要是想借着热闹的气氛，让一位目前正陷入低潮的朋友心情好一些。这位朋友不久前因经营不善，关闭了一家公司，妻子也因为不堪生活的压力，正与他谈离婚的事，内外交迫，他实在痛苦极了。来吃饭的朋友都知道这位朋友目前的遭遇，大家都避免去谈与事业有关的事。可是，其中一位姓吴的朋友因为目前赚了很多钱，几杯酒下肚，忍不住就开始谈他的赚钱本领和花钱功夫，那种得意的神情，连主人看了都有些不舒服。那位失意的朋友低头不语，脸色非常难看，一会儿上厕所，一会儿去洗脸，后来他猛喝了一杯酒，赶早离开了。主人送他出去，在巷口，他愤愤地说："老吴会赚钱也不必那么神气地炫耀啊！"

请你说说老吴错在哪里呢？

（3）马克思住在巴黎的时候，与诗人海涅之间的友谊达到了"只要半句就能互相了解"的地步。海涅当时的思想相当进步，写下了许多战斗诗篇，每到夜晚，他就到马克思家中朗诵自己的新作。马克思和燕妮就一起与他加工、修改、润色，但马克思从不在别人面前"泄露天机"，直到海涅的诗作在报章上发表为止。后来，海涅又创作了《西里西亚纺织工人之歌》，深刻地揭露了德意志反动统治，马克思高兴地称他为"同志"。两人的友谊日益深厚。1845年，法国反动统治无理驱逐马克思，马克思临行前给海涅的信中写道："离开海涅让我很痛苦，我真想将你也一起打入我的行李中去。"以后，马克思也经常写信询问海涅的创作和健康状况,海涅也深深地怀念马克思,记挂马克思的安危。

请你说说故事中马克思和海涅之间的友谊日益深厚的原因是什么?

(4)雯雯和小雅是非常要好的姐妹,平时两个人无话不说,各自的工作啦、生活啦、男朋友啦、家长里短啦,都会有交流。有一次,有个富家公子追求雯雯,但是雯雯拒绝了,因为她认为对方和自己的身份地位悬殊,所以还是不做打算为好。雯雯把这件事讲给小雅听了,小雅直笑她傻,说这么好条件的富家公子你都不要,不知道多少女孩都梦寐以求呢。

没过几天,朋友圈中就爆出了雯雯被富家公子抛弃的传言,有板有眼,连对方开的什么车都有根有据,有好几位朋友还关切地打来电话安慰雯雯,雯雯一下子就愣了,就跟小雅说过的事,怎么大家都知道了?还添油加醋地变成了雯雯被抛弃。

雯雯很受伤害。打那以后,她再不跟小雅讲心里话了。小雅不以为然,她想,不就是说来让大家伙乐乐,又没别的意思,改天去跟大伙解释解释这是她开的玩笑不就行了。

请你说说小雅错在哪里?

(5)走进2010上海世博捷克馆,看到的第一件展品就是这个"关于保守秘密的故事"——圣约翰·内波穆克雕像。

伏尔塔瓦河被捷克人称为"母亲河"。河上共有18座桥梁,其中的查理大桥最古老、最著名。是首都布拉格的地标性建筑,游客们最向往的景点。在查理大桥上共矗立着30座雕像。它们大多是《圣经》和捷克民间传说中的天主教圣徒的塑像,如今早已是备受捷克人推崇的国宝。而其中,圣约翰雕像更是排名这些国宝之首。

在捷克流传着这样一个故事:圣约翰内伯穆克曾是国王瓦茨拉夫四世王后的忏悔牧师。国王因怀疑王后与别人有私情,便找到内伯穆克,要求他说出王后在祷告时透露的隐私。但内伯穆克恪守教规,拒绝国王的要求。国王恼羞成怒,命士兵将内伯穆克从查理大桥上扔进了河里……在传说中,内伯穆克被河水淹没的一刹那,上方的天空中突然奇迹般地出现了5颗闪烁的星星,似乎是要哀悼他的离去。从此,在捷克人眼中,内伯穆克成了为保守秘密、保护美好情感而不惜牺牲生命的英雄。许多捷克人对圣约翰雕像顶礼膜拜,并把其看做幸运之神。

几百年来,人们来到圣约翰雕像下默默地祈祷真挚的爱情,深情地抚摸雕像基座上的两块青铜浮雕。人们相信,只要摸一摸这些浮雕,幸运之神便会降临。如今,两块浮雕早已被摸成了金黄色。(圣约翰雕像基座上的两块"幸

运浮雕",这是它们第一次离开布拉格的查理大桥,来到中国)

请你说说内伯穆克为什么会成为人们心中的英雄?

(6)罗斯福当海军助理部长时,有一天一位老友来访。谈话间朋友谈到了有关军事方面的问题。

"我只想知道,有关海军要建立基地的传闻是不是真的。"他的朋友说。

这位朋友打听的事在当时是不便公开的,但为了不伤害朋友之间的感情,必须委婉地拒绝他。

只见罗斯福向四周望了望,然后压低嗓子向朋友道:"对于一些不便外传的事情,你能够保守秘密吗?"

好友急切地回答:"能。"

"那么我也能。"罗斯福微笑着说。

请你说说如何说"不"才能不影响朋友间的感情呢?

(7)有一天,朋友们坐在一起喝酒,吴丑因老婆管得太严厉而不敢多喝。有一个叫鱼子的人就吵吵嚷嚷地说:"你们知道吴丑为什么不敢喝酒吗?是他的老婆管教得太严了。有一次,吴丑喝醉了酒,还被老婆打了几个耳光呢!"大家听了都面面相觑。吴丑羞得满脸通红,恼羞成怒,拂袖而去,大家也不欢而散。

请你说说鱼子错在哪里?

(8)《红楼梦》中有这样一段故事:薛姨妈让周瑞家的给姑娘们送宫里的头花。

一方面是对亲戚薛姨妈的尊重,另外也是因为周瑞家的其实在很多地方代表了王夫人,必须另眼相看。所以,大家都很客气地答谢。

周瑞家的最后来到林黛玉这里。黛玉只看了一看,便问道:"还是单送我一人的,还是别的姑娘们都有呢?"周瑞家的道:"各位都有了,这两枝是姑娘的了。"黛玉冷笑道:"我就知道,别人不挑剩下也不会给我。"

请你说说林黛玉的话为什么不得体?

(9)有人给小张介绍对象,小伙子叫小李,两人都很满意对方。这天,小李陪小张跳舞,第一次跳舞,舞技本来就较差的小李有些紧张,踩了小张的脚,小李非常尴尬。小张看得出小李有些紧张,如果说"没关系"这样礼貌的话可能还会加重小李的紧张,使他会更失去协调性。于是小张笑着说:"地球真小,我俩的脚只能找一个落点了"。双方会心一笑,小李心理上一放松,舞跳得越来越自如了。

请你说说小张的话好在哪里?

6. 情景训练

（1）菲比到纽约的那天，请琳达去机场接他，当琳达与他碰面之后便问："听说你的表哥就住在附近，为什么不找他就近来机场呢？"菲比说："因为他忙！"岂知这样得罪了琳达，心想："喔，他忙，难道我就不忙？他的时间值钱，我就不值钱？"从那时起，琳达也就不太理菲比了。菲比当时可能是无心的，但得罪了老同学，自己还不知道。

菲比应该怎样说才得体呢？请大家为菲比设计一句得体的回答。然后，分别请两组同学表演原来的对话和重新设计的对话。

（2）朋友家的盆花修剪得非常漂亮，你想让他帮忙修剪你家的盆花。可是这位朋友不太好说话，怎样说才能让朋友高高兴兴地帮你的忙呢？

7. 由学生分角色表演，其他学生回答问题

（1）在一家旅店的一个四人间内，客人 A 安闲地躺在床上观赏电视节目，客人 B 坐在自己的床边看书，客人 C 刚刚来到房间。C 放下旅游包，稍拭风尘，冲了一杯浓茶，边品茶边打量起 A："师傅来了好久了？""比这位先生先来一会儿。"他指着正在看书的 B 说。"听口音不是苏北人啊？""噢，山东枣庄人！""啊，枣庄是个好地方啊！我在读小学时就在《铁道游击队》连环画上晓得了。三年前去了一趟枣庄，还颇有兴致地玩了一遭呢。"听了这话，那位枣庄客人立即来了兴致，二人从枣庄和铁道游击队谈开了，那亲近，不知内情的人怕要以为他们是一道来的呢。接着就是互赠名片，一同进餐，睡觉前双方竟然还在各自带来的合同上签了字：枣庄客人订了苏南某自然革厂的一批风桶；苏南客人从枣庄客人那里弄到一批价钱比较公道的议价煤。

请你说说客人 C 寻找话题的方法是什么？

（2）一名军人和一个陌生人共同乘坐长途汽车，座位正好在驾驶员后面。汽车上路后不久就抛锚了，驾驶员车上车下忙了一通还没有修好。这位陌生人建议驾驶员把油路再查一遍，驾驶员半信半疑地去查了一遍果真找到了病因。军人觉得陌生人的这绝活可能是从部队学来的。于是试探道："你在部队呆过吧？""嗯，待了六七年。""噢，说来咱俩还应算是战友呢。你当兵时部队在哪？"……于是这一对陌生人就谈了起来，成了朋友。

请你说说这名军人寻找话题的方法是什么？

（3）两个年轻人从某县城上车，坐在一条长椅上。其中一人问对方"在什么地方下车？""你呢？""到南京""我也是，你到南京什么地方？""我到南京山西路一亲戚家有事，你就是此地人吧？""不是的，我是从南京来走亲戚的。"

请你说说双方寻找话题的方法是什么？

（4）一位县物价局的科长和县高中的老师，在一个朋友家见面了，主人把这对陌生人作了引见，他们立即发觉各自都是主人的同窗，于是就围绕"同窗"这个话题聊起来，很快他们变得亲近了。

请你说说两人寻找话题的方法是什么？

（5）"你是不是山东人哪？"对方说："是啊，你怎么知道？""我听你口音像山东那边的，你是到这边来出差还是在这发展？……"

请你说说双方寻找话题的方法是什么？

8. 模拟训练

（1）甲："听口音你是大连人？"乙："是啊"甲碰巧毕业于大连外国语学院，他可以怎样继续与乙的话题呢？

（2）甲："您是哪里人？"乙："本溪桓仁的。"甲没有去过桓仁，他应该怎样继续与乙的话题呢？

评价标准：

面对不同的交谈对象，能否选择合适的话题，运用得体的称呼、恰当的语气、得体的语言进行交流；谈话是否自然流畅，气氛和谐。

任务七　身处特殊环境的语言表达技巧

任务提出：身处特殊环境的语言表达技巧。
任务目标：掌握身处特殊环境的语言表达技巧，能够在特殊环境得体说话。
任务分析：1. 宴会应酬口语表达训练；探望病人口语表达训练；
　　　　　　2. 电话交谈口语表达训练；求人办事口语表达训练。

基础知识

语言表达技巧

一、宴会致辞的技巧

宴会上的口语表达内容一般包括"祝酒词""答谢词""劝酒词""收杯词""离席词"等。下面重点介绍致"祝酒词"和"答谢词"的技巧。

1. 祝酒词

祝酒词是宴会开始之时，主人向全体宾客敬酒时的开场白，是招待宾客的一种礼仪形式。从正式的公务活动到民间的团体聚会，不管是身居要职的领导，还是普通百姓，都可以使用祝酒词。

（1）祝酒词的内容一般包括称呼、正文和祝愿语等。

称呼：称呼一般用泛称，可以根据到会者的身份来定，如"各位女士、各位先生""朋友们""同志们"等。为了表示热情和亲切、友好之意，前面可以加修饰语"亲爱的""尊敬的""尊贵的"等。

正文：简述背景；向出席者表达欢迎之意、感谢、喜悦之情；回忆过去；展望未来。

祝愿语：根据宴会目的表达祝愿，也可以祝愿大家身体健康等。

结尾常用"请允许我，为谁、为什么而干杯"。

（2）祝酒词的要求：主题鲜明、集中；感情真挚、热烈；语言平实、得体；富于感染性、启发性和鼓动性。

（3）祝酒词的技巧：适当引用诗词、典故，尽量幽默有感染力；在祝酒时就地取材地进行联想，使人产生出许多美好的想象，会让人愉悦、振奋，往往可以产生出乎意料的好效果。

2. 答谢词

答谢词是指宴席上主人致祝酒词后，客人所发表的宾客对主人的热情周到接待表示谢意的讲话。也指客人在举行必要的答谢活动中所发表的感谢主人的盛情款待的讲话。

（1）答谢词的内容：答谢词重点在于表达出对主人热情好客的真挚感谢之情。其结构由称呼、开头、正文、结语四部分构成。

称呼：与欢迎词同。

开头：对主人的热情接待表示感谢。

内容：先用具体的事例，对主人所做的一切安排给予高度评价，对主人的盛情款待表示衷心的感谢；然后，谈自己的感想和心情。比如，称赞主人的安排，讲述对主人的美好印象等。

结语。祝愿，或再次表示谢意。

（2）答谢词的要求：在礼仪场合，必要的客套话是不能省略的，比如"感谢""致敬"之类热情洋溢、充满真情的词语。

在异地作客，要了解当地的民情、风俗，要尊重对方的习惯。

注意照应欢迎词。主人已经致词在前，作为客人不能"充耳不闻"。答谢词要注意与欢迎词的某些内容相照应，这是对主人的尊重。即使预先准备了答谢词，也要在现场紧急修改补充，或因情、因境临场应变发挥。

力求简短。欢迎词、答谢词都是应酬性讲话，而且往往是在一次公关礼仪活动刚开始时发表的，下面还有一系列的活动等着进行，因此要力求简短，不宜冗长拖沓，以免令人生烦。

二、探望病人的说话技巧

当亲友、同事、同学患病时，前往探望、慰问是人之常情，也是一种礼节。探视病人时言语是否得当，将对病人的心理和情绪产生极大的影响。恰当的言语，犹如一剂良药，会使病人精神愉悦，将有利于病人恢复健康；不当的言语，往往会增加病人的抑郁、怀疑、恐惧、甚至绝望，无疑会加重病人的心理负担，影响病人的治疗和康复。所以，探视病人要掌握说话技巧。

1. 谈论话题要恰当

由于特殊的心理状态，人在患病期间都相当的敏感。尤其重症病人入院之后，一般都会想到死亡，这种对自己较重病情的联想，对死亡的恐怖和忌讳的心理较为普遍地存在着。这样，探视者千万不能提到"死亡"二字，即使病人主动提到，也要立即把话题引开；与病人谈话时，一般应先询问病人身体状况及治疗效果；在病人讲述病情时，要认真地听，不要心不在焉，左顾右盼；在谈话的内容上，针对患者的焦虑心态要多说一些轻松、宽慰的话，或释疑开导，或规劝安慰，以利于病人恢复平静稳定的心情；还要多说一些关心、鼓励的话，让病人感到愉快，淡化病痛带来的苦恼，以增强病人战胜疾病的勇气；如果病人的病情需要保密时，不要和病人一起去乱猜，已经知道应保密的病情,更不能对病人进行暗示。

2. 运用安慰性语言

探视者对患病亲友的安慰性语言的力量比任何时候都显得生动、有力,它易于勾起患者与自己情感的共鸣,进而稳定患者的思想情绪,有利于患者疾病的治疗。

3. 运用鼓励性语言

人们对患者适时地进行鼓励,是对其心理上的支持,这对调动患者战胜病魔的意志和勇气起着举足轻重的作用。为此,甚至可以用善意的谎言来缓解病患的悲观心理,帮助病患取得最佳的治疗效果。

4. 运用劝说性语言

一些患者在治疗过程中,往往会因为手术的疼痛或怀疑有危险而产生恐慌心理,进而拒绝治疗。面对患者的这一心理障碍,人们去医院探望时,应该积极地做些说服工作。尤其是一些颇具现身说法性的劝说性语言,说服力更强,效果最好。

5. 运用暗示性语言

有些患者往往因为自己的疾病好转缓慢而灰心。这时,探视者如果能抓住患者在治疗过程中出现的某些症状缓解的依据,适时予以积极的暗示,将会消除患者的悲观心理,使其鼓起希望的风帆,积极配合治疗。

6. 运用反向思维

安慰病人可以用反向思维来开导他,而不要装成怜悯他的样子,几乎没有人会接受你的怜悯,因为你越怜悯他,越使他觉得他的疾病是一种痛苦;更不要太仔细地询问病人的病情以表示你的关心,其实这是在为难他。

三、电话交谈的技巧

1. 完美的电话形象

电话形象又被称为"声音名片",由使用电话时的语言、内容、态度、表情、举止等多种因素构成。完美的电话形象要求:打电话时要目的明确,不说无关紧要的内容；语气要热诚、亲切，口音清晰，语速平缓；语言要准确、简洁、得体；音调要适中，说话的态度要自然。

2. 电话语言的顺序

接电话的语言顺序：报出名字及问候；确认对方名字；询问来电事项；再汇总确认来电事项；礼貌地结束电话。

打电话的语言顺序：自我介绍；确定对方及问候；说明去电话的事项；再汇总确认；礼貌地结束谈话。

3. 电话语言技巧

（1）接电话的语言技巧：

① 告知自己的姓名："您好，××公司××部。"

② 迟接电话要道歉："很抱歉，让您久等了，××公司××部。"

③ 确认对方之后要问好："×先生，您好！"

④ 听电话时要有回应："是"、"好的"、"清楚"、"明白"等。

⑤ 需要对方重复时要说："请您再重复一遍"

⑥ 结束语要说："清楚了"、"请放心……"、"我一定转达"、"谢谢"、"再见"等。

（2）打电话的语言技巧：

① 问候、告知自己的姓名要说："您好！我是××公司××部的×××"。

② 确认电话对象要说："请问××部的×××先生在吗？"、"麻烦您，我要找×××先生。"

③ 告诉对方打电话的目的要说："今天打电话是想向您咨询一下关于××事……"

④ 结束语要说："谢谢"、"麻烦您了"、"那就拜托您了"，等等。

（3）错误接打电话的语言技巧：

① 打错电话要道歉："对不起"、"很抱歉"

② 接到错误电话要说："对不起，您打错了"，对方道歉后要回礼"没关系"。

（4）要找的人不在，请求对方转告要用商量的语气："能麻烦你帮忙转告吗？"

四、求人办事的说话艺术

人际交往中难免要有求于人。很多时候我们会觉得求人办事很难为情，不好意思开口。其实，求人办事的语言表达是有技巧的。

（1）求人办事语言要做到诚恳、礼貌。要让被请求者感到你是发自内心地求助于他，从而重视你的请求。这是求人办事成功的先决条件。

（2）尽量选用被请求者乐意接受的称呼。用简明扼要的语言把你的意思讲清楚、说明白。切忌啰嗦，说话无主题，拉拉杂杂，颠来倒去，话锋太多，"嗯嗯"、"啊啊"漫无重点；切忌拐弯抹角，有话不直说，一味寒暄，言语吞吐，拐弯抹角，非但叫人难以揣摩，反而容易令人怀疑。

（3）求人语言要做到委婉。求人语言不能用命令、祈使的语气，应该多用委婉、征询的口气，例如，尽可能地使用"麻烦……"、"劳驾……"、"可以……吗"这类句式，即使对相识者也应该这样。

（4）求人办事要有话好好说，说服人要心平气和、不能感情用事，既要使对方愿意采纳你的意见，又不给周围的人留下是由于自己的极力说服才勉强被采纳的印象。有话好好说，这样才能先使对方不致对自己产生排斥感，言辞也不致被对方误会；然后再尽情发挥自己的才能与辩说能力。这样一来，不仅使对方心平气和地接纳自己的意见，自己也可以达到真正的目的。

（5）求人办事要学会说好话。爱听好话、喜欢恭维，这是人们通常具有的一种心理。当你让他知道他在你心中原来有这么高的评价后，再向他开口请求帮助，他便会大方地为你开启方便之门。对所求的人给以恰到好处、实事求是的称赞和恭维不失为一种求人的好办法。

（6）求人办事要学会见什么人说什么话。摸清对方的身份地位说话；摸清对方的性格说话；揣摩对方的心理说话；根据对方的具体情况说话；看清对方的文化层次说话。如果对方彬彬有礼，你也应该文雅、和气、谦逊；如果对方说话很直，不会拐弯抹角，你也应该坦诚、实在，想到什么就说出来；如果对方情绪低落，不爱说也不想听，你就应该少说几句，或者干脆不说。总之，要在了解对象的基础上，说出合适的话，这样就能收到最好的交际效果。

（7）求人办事要学会察言观色；办事要会看对方的脸色；注视对方的眼睛；能够准确地捕捉别人的"弦外之音"；读懂他人的身体语言；控制自己的肢体语言。语句须与表情互相配合，言语诚恳，配合恰当的体态，如点头、欠身等。

(8) 说话要有感情。

① 学会客套。表现在以下几方面：在求人做事时，即使对方只满足了你的一点点请求，虽然很令你不满，也应真诚地说一声"谢谢"。同样，在打搅别人，给别人添麻烦时能真诚地说一声"对不起"，对方的气就会削弱一半。在求人办事中，客套的作用是不容低估的。

② 学会套近乎。客套和寒暄可以帮助你认识许多朋友，缩短人与人之间的距离，进而赢得对方的支持与合作。

③ 保持情感的同步。找准感情的共同点，争取对方的同情，从而以弱克强，达到办事目的。

④ 以情动人。这一般用于比较大的或较为重要的事情上。把对人的请求融入动情的叙述中，或申述自己的处境，以表示求助于人是不得已之举；或充分阐明自己所请求之事并非与被请求者无关，以使对方不忍无动于衷、袖手旁观。

(9) 遭到拒绝，也不要迁怒于人。有时候求人办事会遭到拒绝，这时候一定要表现出足够的修养。比如："真抱歉，让你为难了。"或者说："不好意思，打扰您了"等等。不要迁怒于人，或恼羞成怒，甚至说一些有伤感情的话。

任务训练：

1. 案例分析

下面是周恩来总理在欢迎美国总统尼克松的宴会上的祝酒词。

总统先生，尼克松夫人：

女士们，先生们，朋友们：

首先，我高兴地代表毛泽东主席和中国政府向尼克松总统和夫人，以及其他的美国客人们表示欢迎。

同时，我也想利用这个机会代表中国人民向远在太平洋彼岸的美国人民致以亲切的问候。尼克松总统应中国政府的邀请，前来我国访问，使两国领导人有机会直接会晤，谋求两国关系正常化，并对共同关心的问题交换意见。这是符合中美两国人民愿望的积极行动，这在中美两国关系史上是一个创举。

美国人民是伟大的人民。中国人民是伟大的人民。我们两国人民一向是友好的。由于大家都知道的原因，两国人民之间的来往中断了二十多年。现在，经过中美双方的共同努力，友好来往的大门终于打开了。目前，促使两国关系正常化，争取和缓紧张局势，已成为中美两国人民强烈的愿望。人民，只有人民，才是创造世界历史的动力。我们相信，我们两国人民这种共同愿望，总有一天是要实现的。

中美两国的社会制度根本不同，在中美两国政府之间存在着巨大的分歧。但是，这种分歧不应当妨碍中美两国在互相尊重主权和领土完整、互不侵犯、互不干涉内政、平等互利和和平共处五项原则的基础上建立正常的国家关系，更不应该导致战争。中国政府早在1955年就公开声明，中国人民不想同美国打仗，中国政府愿意坐下来同美国政府谈判。这是我们一贯奉行的方针。我们注意到尼克松总统在来华前的讲话中也说道，"我们必须做到的事情是寻找某种办法使我们可以有分歧而又不成为战争中的敌人"。我们希望，通过双方坦率地交换意见，弄清楚彼此之间的分歧，努力寻找共同点，使我们两国的关系能够有一个新的开始。

最后我提议：

为尼克松总统和夫人的健康，

为其他美国客人们的健康，

为在座的所有朋友和同志们的健康，

为中美两国之间的友谊，

干杯。

【评析】 上文是一篇著名的祝酒词，称谓之后，内容分为三部分：第一部分写对客人的来访表示欢迎以及对美国人民致以问候，其后写对客人来访意义的评价；第二部分写对两国人民的评价、两国人民的交往情况以及两国人民争取改善关系的愿望，同时客观地点出两国政府之间存在着分歧，但希望分歧不应当妨碍开拓两国关系的新局面等；第三部分为祝酒词令。全文既有针对性，又合乎历史、现实以及欢迎场景，感情真挚诚恳，不卑不亢，表现了中国总理的风度。

祝酒词一般由称呼、主题、回忆抒情、祝愿等构成。

2. 指出下列探视者言语不当之处，练习用恰当的语言与病人说话

(1) 探视病人的时候对他这样说话合适吗？为什么？

① 听说你得了癌症，是真的吗？

② 听说你的心脏不好，挺危险的，你可千万要小心啊！
③ 我的一个同学得了白血病，听说也是高烧不退。
④ 有个同学阑尾炎发作，疼得大喊大叫。经检查医生认为他是慢性阑尾炎，不宜手术，准备采取保守疗法。一个同学闻讯前来探望，见此情景忍不住抱怨："医生怎么还不给治疗？这样下去还不出人命啊"。

（2）有一个胃癌早期患者，因为害怕剖开腹腔而拒绝手术。其家属虽一再劝说，仍不奏效。有一个人去看望他，见了病人就冒冒失失地说："唉，听说你的病比较麻烦，我四处查寻治疗方法，目前国内还没找到特效药。"病人听了当下就情绪低落，痛哭不已。亲属看到这种情况不得不委婉地将这位好友"轰"走了。

请运用"用自身经历宽慰病人"的方式劝说病人，让他接受手术治疗。

（3）有个初患胆囊疾病的患者，因为疾病发作时疼痛难忍，加之一时未得到确诊而心理恐慌，大喊大叫。一天，好友李佳去看望他。李佳刚进门就大惊小怪地叫道："哇，你病得不轻啊，看你怎么瘦成这副模样了。"接着又一连串地询问："最近是不是总是失眠，也不想吃东西呀？是不是腹部疼得厉害？"病人点头称是，脸露忧郁之色。

请用恰当的语言安慰病人。

（4）有一个患黄疸型肝炎的患者经过一段时间的住院治疗后，以为自己的病情一直没有好转，于是产生了悲观情绪，丧失了治疗信心。有一位好友到医院探望他，听他描述完自己的症状后，面带惊恐地说："呀，我有一个朋友和你的症状很相似，后来查出来是肿瘤，没过多久就去世了。"又接着说："我劝你赶紧找家大医院做个全身检查吧。"病人本来就怀疑家人隐瞒了病情，听好友这么一说，当场就晕了过去。

请运用暗示性语言劝说病人，让他振作起来。

（5）小红卧病在床不能上班，同事丽丽去她家看望。丽丽一进门，便详细询问小红的症状："你得的是什么病呀？医生怎么说？给你开了什么药？现在感觉怎么样？"小红的心情正烦闷着呢，实在不想回答这么多问题。

请运用反向思维开导病人，让病人高兴起来。

（6）有一个年轻的建筑工人在高空作业时不慎摔伤，一度昏迷。患者在医院里苏醒后，觉得下肢不听使唤，怀疑自己将终身残废，遂萌生了轻生念头。一个亲戚去医院看望他。亲戚一见他的样子就抹眼泪说："孩子，怎么会弄成这样，这下半辈子你可怎么过呀。"于是病人也嚎啕痛哭。

请适当地运用"欺骗"性的安慰语言鼓励病人，使患者抛却轻生的念头，增强治疗信心。

3. 模拟训练：由学生进行情景演示，分析下面案例中电话语言运用不当之处

（1）甲："喂！王华在吗？"

乙："对不起，他不在。您有什么事需要……"

甲："不在呀，算了，算了！"（挂断了电话）

（2）甲："喂，胡明同志在吗？"

乙："胡明同志不在。"

甲："怎么会不在？！"

乙："我怎么知道！"

甲："那、那、那就跟你说吧。"

乙："对不起，你待会儿再打吧！"

4. 纠正不妥当的电话用语

① "喂！"

② "喂，找谁？"

③ "给我找一下××。"

④ "等着。"

⑤ "他不在这儿。"

⑥ "他现在不在。"

⑦ "你是谁啊？"

⑧ "你有什么事？"

⑨ "你说完了吗？"

⑩ "那样可不行！"

⑪ "我忘不了！"

⑫ "什么？再说一遍！"

五、评析以下案例，说说求人办事的技巧

（1）孔子带着他的几名学生出外讲学、游览，一路上十分辛苦。这天，孔子一行人来到一个村庄，他们在一片树荫下休息，正准备吃点干粮、喝点水，不料，孔子的马挣脱了缰绳，跑到庄稼地里去吃了人家的麦苗。一个农夫上前抓住马嚼子，将马扣下了。

子贡是孔子最得意的学生之一，一贯能言善辩。他自恃口才不凡，自告奋

勇地上前去企图说服那个农夫，争取和解。但他说话文绉绉，满口之乎者也，天上地下，将大道理讲了一串又一串，尽管他费尽口舌，可农夫就是听不进去。

有一位刚刚跟随孔子不久的新学生，论学识、才干远不如子贡。当他看到子贡与农夫僵持不下的情景时，便对孔子说："老师，请让我去试试看。"

于是他走到农夫面前，笑着对农夫说："你并不是在遥远的东海种田，我们也不是在遥远的西海耕地，我们彼此靠得很近，相隔不远，我的马怎么可能不吃你的庄稼呢？再说了，说不定哪天你的牛也会吃掉我的庄稼哩，你说是不是？我们该彼此谅解才是。"

农夫听了这番话，觉得很在理，责怪的意思也消释了，于是将马还给了孔子。旁边几个农夫也互相议论说："像这样说话才算有口才，哪像刚才那个人，说话不中听。"

请分析子贡错在哪里，新学生成功的秘诀是什么？

（2）一位从开封到苏州去做生意的人，在去苏州的路上迷了方向，他站在一个三岔路口上犹豫不定。忽然，他看见附近水塘旁边有一位放牛的老人，就急忙跑过去问路："喂，老头！从这里到苏州该走哪条路呀？还有多少路程呀？"老人抬头见问路的是一位三十多岁的人，就说："走中间的那条路，到苏州大约还有六七千丈远的路程。"那人听了奇怪地问："哎！老头，你们这个地方走路怎么论丈而不论里呀？"老人说："这地方一向都是讲礼（里）的，自从这里来了不讲礼（里）的人以后，就不再讲礼（里）了！"

请分析这个生意人的话为什么不得体。

（3）张光得知老同学高震的亲戚在一个实权部门说了算，他便找高震，希望能通过高震的亲戚捞一些油水。高震见老同学相求，虽然觉得有一些为难，但面对同学的苦苦恳求，他还是答应了。可是，当高震问过他的亲戚后，人家说没有办法，高震便向张光说明了情况。但张光却认为高震不给他办事，立即拉下了脸说："你还能干什么？这么一件小事你都不帮忙。"说罢便转身走人了，弄得高震心里很不是滋味。本来他准备说完这件事后，还想说有另一个和他关系不错的人，说不定能办成这件事；但看张光是那样的态度，他也不敢再说这层关系了，他怕如果再办不成，不知张光会怎样对待他。

请你说说张光在求人办事时犯了什么样的错误？

（4）有一次，相声演员姜昆到广州演出，市属几家新闻单位的记者纷纷前往采访，不料被姜昆一一婉言谢绝，这使记者们十分失望。这时，一位女记者却再次叩响了姜昆的房门，说："姜昆同志，我是一个相声迷，我对您的表演很欣赏，可是我想跟您谈谈您演出时的一些特别注意的细节问题……"姜昆一听是为自己更完美的演出而来的，便十分热情地接待了她。

请你说说这位女记者用什么样的说话技巧打动了姜昆？

评价标准：

身处特殊环境，能恰当地运用口语准确地表情达意，谈话内容得体，语气语调恰当，能够较好地达到交际目的。

任务八　人际交往常用语言表达技巧

任务提出： 交际口语训练。

任务目标： 掌握交际语言的基本要求，学会巧妙运用交际语言，在社交活动中灵活应用交际语言技巧。

任务分析： 1. 拜访与接待训练。

2. 说服与劝解训练。

3. 拒绝与应对训练。

4. 赞扬与批评训练。

基础知识

拜访与接待

一、概　述

拜访与接待，是一项重要的社交活动。日常生活中，亲朋好友要相互探望，离不开拜访与接待；工作中迎来送往也离不开拜访和接待。拜访与接待是社交活动中的两种常见的形式。借助这种交际活动，人们可以达到相互了解、沟通信息、加深感情、增进友谊的目的。

二、基本原则与注意事项

1. 拜访原则与注意事项

（1）要选择好时机。拜访一般要去别人的工作地点或家庭住处与人见面。若是去对方单位拜访，应当选在别人上班时间，不要在快下班时间再去。若是去家里拜访，一般说来，清晨、吃饭、午休、深夜都不宜拜访。同时，要考虑主人的心情。拜访别人时，最好事先约好，不得已作了不速之客，一见面就要说："真抱歉，没打招呼就来打扰你。"

（2）要衣着得体。自身形象要给人以美感，决不能衣着不整，更不能蓬头垢面。

（3）进门时切记敲门或打招呼，即使拜访朋友也不例外。

（4）拜访言谈"三不"：

① 寒暄不可少。拜访他人，特别是有求于人的拜访，先别直奔主题，而应有些融洽气氛的寒暄作铺垫，等交谈氛围好了，再说明来意。

② 交谈时间不可长。交谈以半个钟头为宜，以免耽误主人过多时间（非常熟悉的朋友之间的随意性拜访另当别论）。

③ 体态语不可过多。拜访别人，言谈举止要得体，不可指手画脚。切不可得意时手舞足蹈，随地吐痰，乱扔烟头、果皮等。

2. 接待原则与注意事项

（1）要热情迎客。对上级、长者、客户来访，要起身上前迎候。对于不是第一次见面的同事、员工，可以不起身。

（2）客人要找的人不在时，要明确告诉对方所找的人到何处去了，以及何时回本单位。若需等待，要向客人说明等待理由与等待时间，并热情倒茶。

（3）保持友好的交谈气氛，避免以下令人不悦的接待表现：

当来访者进来时，继续忙于自己事务；未停止与同事聊天或嬉闹的动作；看报纸杂志，无精打采、打哈欠；继续电话聊天；双手抱胸迎宾；长时间打量对方等。

（4）注意双方的距离。在社交场合，人与人的身体之间也要保持适当的距离。一般来说，异性交谈时的距离比同性间要远，熟人间的距离比陌生人要近。在与客人交谈时，应视客人与自己的关系，大致把握好距离。

（5）要结束接待，可以婉言提出借口，也可用起身等体态语言暗示对方本次接待就此结束。

三、拜访与接待技巧

（一）拜访技巧

就拜访语而言，一般包括进门语、寒暄语、晤谈语和辞别语四个部分。

1. 进门语

到门口,要先轻轻地敲门,很有礼貌地问一句:"请问××在(家)吗?"或者问:"请问,屋里有人吗?"不要贸然闯入。

同本人见面后,应立即打招呼。至于怎样打招呼应根据拜访的对象、形式、内容而定。初访往往比较慎重,一般可以用这样的话打招呼:"一直想来拜访您,今天终于如愿以偿了!""初次登门,就让您久等,真不好意思。""真对不起,给您添麻烦来了。"等等。

重访是关系趋向密切的表现,一般只需简单地说一句"好久没有来看您了。"或者说"我们又见面了,真高兴。"关系密切的,不妨以玩笑的口吻说:"我又来了,不招您讨厌吧!"

回访,打招呼时,可以这样说:"上次劳驾您跑了一趟,我今天登门拜谢来了。"或者说:"上次托您办事,给您添了不少麻烦,今天特地登门拜谢。"

礼仪性拜访大多与唁慰、祝贺、酬谢等有关。进门语要与有关的内容联系起来。例如:"听说您生病了,今天特地来看望你。"又如:"听说你升迁,特给老朋友贺喜来了。""听说您的儿子已被××大学录取,特地赶来祝贺!"等等。

2. 寒暄语

寒暄,即问寒问暖之意。在社交活动中,它带给人们的是关心、亲切的温暖之情;它是人们为了正式的交谈所进行的一种感情铺垫。好的寒暄可以为后面的交谈创造一个好的氛围,是交谈双方为了沟通感情所必不可少的桥梁。那么如何说好寒暄语呢?

(1)说什么?寒暄的内容很广,诸如天气、小孩的学习情况、老人的健康状况以及最近发生的新闻趣事等,都可以作为寒暄的话题。但是,寒暄时具体谈什么,应视具体情况而定:一是要符合当时情景,如小孩和老人在场,可以从询问小孩的学习情况,或者从询问老人的健康状况谈起;二是要尽量寻找双方的共同点,也就是双方都感兴趣的话题,尤其是对方感兴趣的话题,如对方喜欢音乐,你不妨与他谈谈贝多芬、莫扎特、流行歌曲、歌唱家、红歌星等;如果你对音乐不在行,也不要紧,你可趁机向对方求教,这样既显示出你的谦逊有礼,又学到了音乐知识。

(2)怎么说?可用以下几种方式:

① 问候式。这种寒暄多由问候语组成。根据不同的对象、场合、时间进行不同的问候。如夏天就可问:"热不热?"拜访教师就问:"课多吗?"等等。

② 夸赞式。就是给人以赞美。如"你的新衣服真漂亮！""你的发型真好看，显得更年轻了。""这房间布置得很漂亮……"夸赞式的寒暄极易创造一种愉快和谐的气氛。

③ 言它式。言它式是指在交谈进入正题之前，先谈其他事物的寒暄方式，别直接讲明来意。这种寒暄方式是引入交谈正题的润滑剂。

寒暄的方式很多，如果是人多的场合，往往单靠某一种方式是不够的，这就要针对具体的人采用不同的寒暄语言和方式。

寒暄要有针对性，有特色。只要你是个有心人，就可以从你与每个人的特殊点中发掘有特色的寒暄语。

3. 晤谈语

晤谈时，一方面注意话题要集中，主客寒暄之后，客人要适时进入正题，以免耽误主人过多时间，话题要集中，不能太散；另一方面尽量说些幽默话语，可以活跃气氛，使拜访充溢着欢快轻松的情调。

4. 辞别语

辞别语的使用有以下几种：

（1）同进门语相呼应，譬如礼仪性拜访，如进门语"初次登门，就劳驾您久等，真不好意思。"辞别语可说："今天初次拜访，十分感谢您为我花了这么多时间。"

（2）表示感谢，请主人留步，如"十分感谢您的盛情款待，再见！""就送到这里，请回吧。这件事就拜托您了。"或者邀请对方来自己家做客，如"老同学，告辞了。您什么时候也到我家坐坐。"

（二）接待技巧

社交中接待客人一般包括迎客、交谈、送客三个环节。

1. 热情相迎

（1）古人云：有朋自远方来，不亦乐乎？迎接客人要有热情欢迎的态度。首先要记住，叫出来访者的姓名是非常重要的，它可以塑造你热情好客的形象，很快缩短双方距离。然后，如是熟悉的客人，应先说："欢迎。请进！哪阵风把你吹来了？""您真准时。"进屋后，应让客人先落座，然后主人再坐下，以示尊敬。如来的是陌生人，见面可用提示性语言："您是……"表示询问,让客人自我介绍,然后表示欢迎。请客人落座后,不要急于询问客人来访的目的,应等客人主动开口。对走错了门的客人应予以热情指点。

(2)切记:要叫出对方的姓名,不仅仅是接待时要这样。一般讲,长辈对晚辈,领导对下属,同辈之间可以直呼其名。而晚辈对长辈,下属对领导,应采用"姓加辈份"或者"姓加职位"的称呼,如"张叔叔""赵老""王局长"等。

在接待中,难免出现忘记对方名字的情况,这时可用巧妙的语言加以掩饰。比如说:"对不起,上次没听清你的名字。""你今天穿得这么漂亮,我一时认不出你了。""你和xx太像了。你的名字叫……"

2. 因人而谈

(1)语速、音量要根据来访者的年龄和个人表情达意的需要而定。比如,对老年人说话语速较慢、音量较大较合适,这样能使对方产生被人尊敬的喜悦感,与同龄人交谈,讲究语速快慢适中。

(2)遣词用句因来访者的文化水平、理解程度而异。

(3)说话语气因来访者的不同目的而异。

对有求于你的客人,应体谅对方的心情,态度真诚,语气平和。即使无能为力也不要一口回绝,而你可以对他说:"先别着急。一旦有了眉目我就打电话告诉你。"

对于前来提供某种信息的客人,主人则应采用感叹语气,表达自己的感激之情。如"非常感谢!你提供的信息太有价值了!""你可真帮了大忙了,谢谢你!""真辛苦你了。"等等。

自己有事必须外出时,应客气地对客人说:"真不巧,我有点急事。您坐,我去去就来。"遇上有的客人健谈,久坐不走,可巧妙向客人暗示,如让家里人安排小孩就寝,询问客人:"天晚了,路好不好走?"等等。

3. 礼貌送客

客人如要离去,先要诚恳挽留;如客人执意要走,则不必强留。送客人要送到门外并说些告别语。如:"您慢走。""欢迎再来。""经常来玩。"等等。送别客人不要急于回转,客人请主人"留步"后,主人要目送客人走远,招手"再见"再回转。送别客人回屋时,关门的声音要轻,否则客人听到会产生误会。

说服与劝解

一、概 述

现实生活中,人与人之间难免会因性情不同、意见相左等种种因素导致各种矛盾的产生,要解决这些矛盾就离不开说服劝解。工作上出现分歧,需要说服;两个人闹矛盾,需要劝解;老人病了,不肯到医院去动手术,要靠说服;一个人要轻生,更是离不开说服……从一定意义上说,我们的思想政治工作者,做的就是说服、劝解的工作。

二、技 巧

1. 消除防范,缩短距离

说服劝解的最终目的是使对方心悦诚服地改变观念,因此说服的关键则是攻克对方的"心理防线"。消除对方对你的戒备或积怨,化解对方不满,拉近心理的距离,否则你就会被阻隔在说服的大门之外。为此,要注意以下两点:

(1)要冷静观察、思考,摸清对方的心理要害,像他最关心什么,什么对他无关紧要等。

(2)寻找最佳角度,打开缺口。如先让对方发泄不满,适当表示一些理解、同情,再加以说服;或从赞美对方入手逐步转向说服对方,等等。

2. 晓之以理

晓之以理就是通过讲道理来说服对方。需要注意的是:讲道理,口气要委婉,切忌盛气凌人,以势压人。劝说者不要简单下一个结论交给对方,最好以征询意见的口气引导对方同你一起来推理,使对方自愿接受。道理有深有浅,有大有小,被劝说者一般不喜欢别人讲大道理。说服者应选择合适的角度和层次,将道理化整为零,化大为小,化抽象为具体。

3. 动之以情

人都是有感情的。写作领域有句话叫"情动而词发",劝说也是如此,情动理才达，因为情感的力量可以诱导和增强逻辑的力量。

4. 因人施法

说服劝解别人的时候，将会遇见各种各样的情况。如果试想套用某一种方法，是不会取得劝说效果的。必须做到因人而异，灵活采取不同的说服方法。有这么两种人需要特别注意：第一种是难以接近的人。这种人并不一定真的难以接近，他们呈现在人们面前的很有可能是种表象。说服这种人最有效的办法就是诚恳主动，用真心实意去打动他们。他们一旦被打动，会比其他人更好相处。第二种是不很受欢迎的人，或令人讨厌的人。对这样的人，首先应表示出对他的真诚友好。也可能你的善意说服换来的却是强烈的敌意，这时你千万不要灰心。记住：只要你坚持以真诚友好的态度对他，他最终会被说服的。善意带给别人快乐的同时，最大的快乐也是属于你自己的。其次，我们应该主动发现他的优点、比较可爱的地方，抓住这些，他便乐于接受你。

5. 诱导赞同

研究表明：当人们对某问题作肯定回答时，心情比较平和，此时易接受不同意见；而在作否定回答时，心理上处于戒备和警觉状态，这时就不易被说服。劝说他人时，提一些对方肯定说"是"的问题，避免对方说"不"，这也就是所谓的"苏格拉底说服法"。以无关紧要的问题使对方答"是"，可以打消他的"不"的心理念头。尽量让他轻松化，并提出不勉强的问题，使对方反射性地答出"是"的答案。

6. 以退为进，赞美对方

如果你想说服他人，首先要做的工作就是从称赞与真诚的欣赏开始。人们都有一种完美趋向心理，赞美正可以满足人们的这种心理。说服与劝解别人，就要给对方心理上的一定满足。难怪有人说"说服高手肯定是赞美的高手"，先赞美对方一番，可以减轻对方的对抗性，淡化其自我保护意识。

7. 变换角度，委婉劝说

有时候，劝说者不便直接劝说对方，可以采取迂回战术，不从正面入手，而是含蓄委婉地说服对方。

8. 善意的适度威胁

适度威胁的方法可以增强说服力。现实生活中，运用善意的威胁达到说服效果的例子很多。比如，小孩子不愿意打针，家长会吓唬孩子说：不打针病就好不了。这么一吓唬，很多孩子都会乖乖地接受注射。有人曾做过这方面的试验，让一些不愿意打破伤风预防针的小学生分成两组接受试验，结果是受过善意恐吓的学生有 25% 去打了预防针，而未受恐吓的只有 12% 去打了预防针。由此可见善意威胁的说服作用。

用善意的威胁来劝说人的方法，也是不用教，人人都会的，但并不是所有的人都能用此法取得良好的效果。效果不佳的主要原因是态度不够友善、后果讲不清。

威胁的目的是让对方懂得利害关系，产生恐惧感，以增强劝说效力。威胁只是手段，而不是目的。威胁应该主要放在对于可怕后果的说明上，这样才能起到说服作用。低程度的威胁很难说服人，因为对方不害怕，往往会一笑置之；但是如果过分了，也会弄巧成拙。

9. 自报弱点

对于疑心重的对方，先讲一点自己的弱点让对方听，可以增加后面信息的可信度。人们对于太过甜蜜的话，一时都不敢相信，可是若先主动说出弱点，听者可能就会相信了。比如，商场大拍卖时，也是以"稍有瑕疵的货物"的说辞吸引顾客购买。

10. 断定法

很多人都有过这种经验：对于需要确定的事而又拿不定主意、陷入无法作结论的境地时，都很希望别人给予肯定性的建议。这种心理特性也可以应用在说服之中。

断定法本身是相当单纯的技巧，但如果能够巧妙地加以利用，将能影响对方的思维。

11. 用事实说话

事实胜于雄辩。人们相信实际存在的事实，因为事实是最有说服力的。

12. 引导对方换位思考

俗话说：要想公道，打个颠倒。你从我的角度想想，我站在你的立场看看，这样就容易把道理想通，做到相互理解，相互体谅。

拒绝与应对

一、拒绝的语言技巧

在拒绝别人这方面，我们经常会遇到很多麻烦。有时候本该有理由拒绝，但是由于语言表达不当，惹得对方很不高兴。比如：你正在忙着准备考试，这时候有人打电话找你帮忙，于是你就对打电话的人说"我很忙"，这一句话竟让他认为你不爱帮助别人。如果你说："好啊，我非常愿意帮忙。不过，你要等两天，因为这两天我正全力忙着复习，准备考试。等我考完试，一定竭尽全力办这件事，你看好吗？"这样对方一定会理解的。在日常生活中，每个人都会经常面临被拒绝或拒绝别人的情况。拒绝总是令人遗憾的。如何把拒绝可能带来的危害减小到最低限度，或能取得对方的理解，讲究一些拒绝的技巧是非常必要的。

1. 直截了当的拒绝

有些人在拒绝对方时，因为感到不好意思，而不敢据实说明。经常以"需要考虑考虑"为托词而不愿意当面拒绝请求，内心希望通过拖延时间使对方知难而退。殊不知语意暧昧、模棱两可，反而容易引起对方误会。应该明确告知对方你的考虑，表示自己的诚信。运用这种方法时，一定要注意语气要温和诚恳、含有歉意。

首先，感谢对方在需要帮助时可以想到你，并且略表歉意。注意，过分的歉意会造成不诚实的印象，因为如果你真的感到非常抱歉的话，就应该接受对方的请求。

其次，不要以一种高高在上的态度拒绝对方的要求，也不要对他人的请求流露出不快的神色，更不要蔑视或忽略对方。这些失误都是没有修养的具体表现，会让对方觉得你的拒绝是对他抱有的反对态度的反应，从而对你的拒绝产生逆反心理。从听对方陈述要求和理由，到拒绝对方并陈述理由，都要始终保持一种和蔼的态度和面貌，表示出对对方的好感和真诚之心，例如，一位科长要给其下属介绍对象,下属直截了当地拒绝了他:"谢谢你总想着我。实在抱歉,这件事让您失望了。我现在还不具备结婚的条件,等我事业稳固并有了一定的经济基础后再谈婚事,因为我想随着年龄的增长,择偶的标准也会随之改变,你说是不是?"

2. 委婉的拒绝

(1)诱导否定法。当对方提出的要求不急于回答时,可采用迂回战术,提出一些条件或提出一个问题诱使对方自我否定,从而放弃原来的要求。比如一位先生想追求一位小姐便买了一件内衣送给这位小姐。小姐婉言相拒,说:"它很漂亮。是送给你女朋友的吧。我男朋友也给我买过一件这种式样的,相信你的女朋友一定会喜欢的。"这么说,既暗示了自己已经"名花有主",又提醒对方注意分寸。再比如,有一次,一位记者问基辛格:"你们有多少潜艇导弹在配置分导式多弹头?"基辛格回答:"我不确切知道正在配置分导式多弹头的'民兵'导弹有多少。至于潜艇,我的苦处是数目我是知道的,但不知道这是不是保密的。"记者说:"不是保密的。"基辛格说"不是保密的吗?那你说是多少?"记者愣了一下,笑了。

(2)预埋伏笔法。对于对方的要求,先不拒绝,而是充分阐明不利因素,埋下伏笔,让对方有足够的思想准备,再在适当的时候,用恰当的方法加以拒绝。例如,有人托你介绍工作,你可以这样拒绝他:"你的学历没有达到规定的要求,何况名额少、难度大,但我会尽力争取的。"其中"学历没有达到规定要求""名额少"已充分展示了对方的不利条件,为拒绝对方埋下伏笔。

(3)拖延法。对于一些不便于立即回绝的请求,可以用拖延的方法加以拒绝。时间的拖延,可以使对方的请求变得没那么迫切。例如:"这件事,我还得同××商量后才能回答你。"

(4)转移话题法。当对方提出要求难以回绝时,可以采用转移话题、答非所问等方式,暂时把对方说话的焦点转移开而达到拒绝的目的。例如:第24届奥运会时,中国代表团一到汉城,记者纠缠着李梦华团长问:"中国能拿几块金牌?"李梦华回答:"10月2日之后,你们肯定知道。"记者又追问:"新华社曾预测拿11枚金牌,你认为客观吗?"李梦华答道:"中国有充分的言论自由,记者怎么想,就可以怎么写。"这种避实就虚,似答非答的方法,既达到了在要害问题上拒绝答复的目的,又显得落落大方、无懈可击。

(5)利害相陈。在交往中如果遇到属于开后门之类违反原则的事,需要讲明道理,明确拒绝。

（6）另谋出路。当你为朋友的所求感到力不从心时，你可以为他介绍几种解决途径，使朋友感到高兴。

（7）沉默不语。

（8）推托其辞。

二、被拒绝时的应对方法

伽利略是意大利著名科学家。青年时，他对哲学产生了浓厚的兴趣，立志学习哲学，可是他父亲却不同意。一次，伽利略又为这事去找父亲。"爸爸，有件事我一直不明白，那就是你为什么要和妈妈结婚？"伽利略问。"因为我喜欢她。"父亲答道。"那你没娶过别的女人？"伽利略又问。父亲赶紧加以纠正："孩子，绝对没有这种事，我敢对天发誓，我只喜欢你母亲一人，我痴痴地追求着她，要知道你母亲从前是一位非常美丽的姑娘……"听完父亲的话，伽利略趁机说："我相信你说的这些话。要知道，现在我也面临同样的处境。哲学是我唯一的需要，除了哲学以外，我不可能选择别的职业，我对它的爱犹如你对母亲的爱一样。"父亲终于同意了他的要求。在这里，伽利略用类比的方法委婉地应对父亲的拒绝，真不愧为一位智者。在遭到拒绝的时候，很多人会表现出失望、伤心，有的甚至大发雷霆，但是这最终不能解决问题。通过上面的例子我们不难看出，在要求遭到拒绝的时候，应该采取积极的态度，并且冷静地思考被拒绝的原因，然后寻找应对的方法解决问题。

1. 要保持良好的态度

在你被拒绝时，心情总是不愉快的。但是，你要顾全大局，尽可能替对方设想，尽量面带微笑，保持良好的风度，给对方留下一个美好的印象。

2. 要做好善后工作

有这样的一个事例：一个人经他的朋友介绍去一家公司应聘，几天后他得到了公司寄来的不被录取的通知。当时，他马上给公司写了封回信，感谢公司总经理给予他的机会；同时他又打电话给他的朋友，让这位朋友代他向公司表达谢意。这位朋友照他的话给公司去了一个电话。没想到，几天后他竟收到了这家公司的录取通知。这到底是怎么回事呢？原来是那封回函起了作用。他那亲切、有礼的回函，在主试者之间传阅着，大家发现，他正是公司需要的人才，于是决定在既定名额之外追加录取。原本未被录用，但由于他懂得如何正确对待拒绝，结果给自己带来了意外的收获。由此可见，被人拒绝时，虽然事情似乎已经结束，但如果你能重视善后工作，就有可能使之出现转机，或为下一次交往创造条件。由此可见，做好善后工作很是重要。正确的做法是打电话，或者亲自登门拜访，以诚挚的态度表示歉意。

3. 善于领悟对方拒绝的态势语

作为提出要求的一方，除了要善于从对方的言辞中领悟其意图外，还必须注意捕捉对方的态势语言。下面介绍的五种情况就是对方在告诉你拒绝的信息。

（1）在谈话的中途不时插嘴。说服别人接受自己的要求时，总喜欢一鼓作气的阐述理由，假如中途对方不断地插话，你的语言表达功能就会受到影响，其说服力就大大减弱了。

（2）表示出不耐烦的态度。对方不时左顾右盼、来回移动自己的视线，或者不停地用手触摸办公桌上的东西，此时对方在告诉你他的不耐烦，你就该识趣地早点结束谈话。

（3）不断地看表。对方不断地把目光停留在自己或你所戴的手表上，或者不停地看墙壁上所挂的钟，这就在提醒你不要再磨蹭下去了。

（4）经常离开座位。倘若你和对方谈话时，对方经常借口离座，你的内心一定会感到不舒服，因为这表示对方并不重视你的存在。所以，当对方不喜欢和你交谈时便运用此招。

（5）故意自言自语。在两个人谈话时，如果对方"顾左右而言他"，那么你就应该明白对方对此话题不感兴趣，应主动中断谈话。

赞美与批评

一、赞　美

赞美别人，仿佛用一支火把照亮别人的生活，也照亮自己的心田，有助于发扬被赞美者的美德，推动彼此友谊健康地发展，还可以消除人际间的龃龉和怨恨。心理学研究表明：爱听赞美是人们出于自尊的需要，是渴求上进、寻求理解、支持与鼓励的表现，是一种正常的心理需求。赞美是一件好事，但绝不是一件容易的事。赞美别人时如不审时度势，不掌握一定的赞美技巧，即使你是真诚的，也未必能收到好的效果，有时甚至会变好事为坏事。所以，开口前我们一定要掌握以下技巧。

1. 赞美的语言艺术

（1）赞美之辞应发自内心，符合实际，如过去的业绩或服饰等。毫无根据的赞美，会使人感到你虚情假意，产生反感。

（2）赞美之辞要能满足对方的自我意识。社交的黄金法则是：别人希望你怎样对待他，你就怎样对待他。因此，赞美之前要了解对方，弄清对方希望怎样被夸奖。

有一位女化学家年过六旬获得了诺贝尔奖，一位电视台的女记者要采访她。今天，她终于在亲友的帮助下换上了西装，脱去了终日穿着的白服。一见面，女记者就兴致勃勃地夸奖道："呀，你这身衣服真漂亮。"女化学家机械地点了点头。女记者见没有激发起化学家的谈兴，就随口问道："嗯，您这么成功，你的儿女都是做什么的呢？"女化学家闻听此言转身离去。原来女化学家没有结婚，个人感情经历过挫折。女记者不了解情况，赞美之词不但没有为采访增光添彩，激发女化学家的谈兴，反而帮了倒忙，采访失败了。女化学家对服装不感兴趣，忌讳谈家庭，对承担的课题感兴趣，这些女记者都没有了解到。

有些女性喜欢别人夸她漂亮、时尚，而有些女性则更喜欢听到对其内涵方面的赞美。

（3）赞美之辞既可坦诚直言，又可间接表达，但要得体。比如，初次相识，你作为一个年轻姑娘正在摆弄照片，对方信手接过，说"相照的真好，底板好啊！"言外之意，在夸你漂亮，这种间接夸奖比直接夸奖要得体。

赞美是人际关系中非常重要的润滑剂。赞美不但使人感到开心与振奋，而且使人觉得被肯定与重视。可是，生活中大多数人不是赞美的高手，往往仅止于知道赞美的重要，却不懂得赞美的技巧，反倒弄巧成拙。

（4）最有实效的赞美之辞不是锦上添花，而是雪中送炭。重复司空见惯的夸奖，会使对方毫不介意；相反，你总能发现蕴藏在他身上还不为人知的优点，并对其赞美，就能满足对方心理需求，会收到好的效果。

2. 赞美时应注意的问题

（1）赞美要符合实际，实事求是。比如，生活中赞美女性时人们总是习惯说："祝你永远年轻漂亮。"其实这话对年轻女性适合，对有点年纪的女性则不够得体，因为它既不符合实际，也不能满足这部分女性的心理。再比如，很多人喜欢在买东西的时候压价，可是他们总是在口头上表示对商品的不满意。其实，商家也明白，顾客决定要买商品就一定觉得它物有所值。顾客把商品说的一无是处倒不如和盘托出你的意思，让人感到你的赞美是真心实意，你是一个有诚意的买主。

（2）赞美要目的明确，有的放矢。例如，在求职应聘时，你一味地自赞自己的某一优点，而这一优点又非对方所需，那么自赞将毫无意义。

（3）自赞可直接出自本人之口，也可婉转地引用别人的话，或辅以奖状、奖品等作为旁证。比如，在求职应聘时，对方并不了解你有哪些优势和长处，这个时候就要自我表白、自我宣传，争取一切机会使对方相信你具备胜任工作的能力。为使自赞之辞得到佐证，可出示获奖证书等证明材料。当然，我们的自赞要符合实际，不可以过分夸大事实。

（4）自赞要避免自吹自擂。在自赞的同时应承认自己还有待改进之处，给人以实事求是的态度。

二、批　评

1. 批评的语言艺术

（1）先赞扬后批评。美国著名的演讲家戴尔·卡耐基说："矫正对方错误的第一方法——批评前先赞美对方。"批评前先赞美，能化解被批评者的对立情绪，使其乐于接受批评，达到预想效果。比如，一位上司批评女秘书时这样说："你今天穿的这件衣服真漂亮，你是一个迷人的姑娘。"然后又说："不过我希望你以后要对标点稍加注意，让你打印的文件跟你的衣服一样漂亮，好吗？"女秘书愉快地接受了批评。

每一个人都有自己的优点和缺点。如果我们只是一味地批评，在某种程度上讲就会放大其缺点，就会使对方觉得自己一无是处。那样的话，即使可以改正的缺点他也无法接受了。况且，先批评把情绪搞砸了，再真诚的批评也难以接受；先表扬则不然，对方情绪好，善意的批评是可以接受的。所以我们在给人指出缺点和不足时应该怀着善意的心态，当头棒喝固然能够讲清事实，但要考虑对方能否接受。要运用一定的方式和技巧，最好做到批评之前先表扬。

（2）选择适当的时机和场合进行批评。双方都在气头上不宜批评，应提高修养，生气时少说话，因为人在生气时智商为零，待双方冷静后再谈。

(3) 批评方式因人而异。对年轻人，语重心长的直接批评（告诫）；对成年人，可略微提醒；对于下级对上级或晚辈对长辈，则以自责促使对方反省。

(4) 批评时巧用幽默。比如，看到某人桌子脏，想批评他，就这样说："某某，你的桌子太干净了！"再比如，一学生上课睡着了，教师走到他跟前将其叫醒，"梦到帅哥了吗？那帅哥是不是吓你一跳啊？"正在大家疑惑不解之际，教师补充道："因为那位帅哥是我。"于是大家哄堂大笑。

2. 批评时应注意的问题

尽可能避免在大庭广众前指名道姓地批评人，这样做不仅无法达到纠正错误的目的，还会有人身攻击之嫌。

任务训练：

1. 拜访与接待训练

(1) 注意收集拜访与接待中经常使用的寒暄语、告别语，并在实践中注意运用。

(2) 当你登门拜访时，在门口就听见里面在争吵，这时你该怎么办？

(3) 你去拜访朋友，在友人家中，好客的女主人给你端上一杯茶，正当你端起要喝时，却发现杯中有头发。这时你该怎么办？应该怎么说？

(4) 有位朋友到你家串门，天很晚了，你也很困，他却没有离去的意思。这时，你该怎么办？又准备怎么说？

(5) 你去拜访一位名人。进屋之后发现主人家养了一只小猫。请以此为话题，设计一场 4 分钟左右的谈话。

(6) 一天，你逛商场时发现一营业员好像是当年职校的校友，在学校时没机会交谈，她好像也觉得你面熟，你主动和她打招呼。

(7) 放暑假了，你坐车回家，周围坐着几位年龄、身份、性别不同的陌生人，为消除路途寂寞，你先和他们寒暄几句，使大家都有谈兴。

(8) 每 3~5 人为一组，轮流扮演主人和客人，练习拜访与接待的礼节。

要求：双方关系和身份要有变更，如老朋友、上下级、长辈晚辈、贵宾等。然后相互评议。

(9) 美国纽约州洛克兰德县有个叫吉姆·法利的人，他没有进过学校，却凭着能叫出 50 000 人名字的特殊本领，成了民主党全国委员会领袖，并当上了邮政总局局长。对此你如何看？

（10）下面是几个寒暄的例子，请分析哪些是恰当的，哪些是不恰当的。从中总结出寒暄时应注意的事项。

① 校园内，师生迎面走来。学生低着头，与老师擦肩而过时匆匆叫了一声："老师好！"老师当时刚好看到那位学生后面不远处走过他正要找的同事，担心那位同事走远，眼睛边看着同事回答了一声"好"，边叫："张老师！"

② 张良和李纲是老同学，很长时间没联系了。一天在车站突然相遇："好久不见，你老兄气色这么好，看来混得不错呀！""彼此彼此，你也发福多了。""最近作股票赚了不少吧？""唉！还说呢，全套牢了。""噢，太遗憾了！"

③ 一天下午，上海电视台主持人张颖路过淮海路与常熟路的路口，一位老太太走过来对她说："张颖，你好！"张颖以为遇上熟人了，忙礼貌地回答："您好！""我是你的观众。"老太太笑着说，"我喜欢你的主持风格，清清爽爽，文文静静，我们当学生时都是那样打扮的。""谢谢！"张颖感动地看着老人。临走时老人又说："你可不要变哟。"老太太走远后张颖还忍不住回头张望老太太的背影。

2. 说服与劝解训练

（1）你的一位好朋友因车祸致残而精神不振，情绪低落，请你劝慰他。

（2）你的一个女同学今年17岁了。8年前母亲因生弟弟难产而死。8年后，父亲又患了癌症病逝，姐弟俩痛苦至极。今天是清明节，你陪她去拜祭她的父母。回来的路上，她痛哭不止，请你劝劝她。

（3）有一个人向他人借了笔钱做生意，先去贩鱼，谁知高温天气连连，鱼变了质，亏了本；后来做布匹生意，又被人骗了，真是不顺连连。他懊恼地把自己关在家里。如果你是他的朋友，你怎样劝他？

（4）你的同学这一段时间里沉溺于网聊，无心学习，对老师的批评也很抵触。请你跟他谈谈，说服他改过。

（5）小王从大学一年级就开始谈恋爱，到毕业时女友却提出分手。小王非常悲伤，从此一蹶不振。请你以老师或好朋友的身份劝说他振作起来。

（6）同学小明与小林为一件小事发生争吵，两人各不相让，甚至拔拳相向。假如你是班主任老师，你如何劝解两人？

（7）小王和小李是一对好朋友。有一天，小王来到小李的单位，请求小李帮他做一件事，就是为他的未婚妻出气。原来小王的未婚妻当众被车间主任批评了，小王发誓要为未婚妻出气，并买了一把锋利的弹簧刀，要"放倒"那个车间主任，但考虑到车间主任人高马大，自己对付不了他，于是请小李帮忙。小李听后，心中很明白，尽管车间主任批评得不得法、应该纠正，但

如果感情用事"放倒"了他，那是会触犯法律的。因此，小李决定说服小王。假如你是小李，你如何说？

（8）望子成龙的母亲为了改变儿子吊儿郎当的态度，与他进行对话："儿子呀，高考迫在眉睫啦，你得加紧用功才行呀，你看看你整天只知道弹吉他，这样下去不行呀。唉，真不知道你心里是咋想的！""哼，怎么想？我觉得读不读大学都无所谓。那些书呆子们拼了命考上了一流大学，进了大企业，结果又怎样？像爸爸，在公司做那么久了，还不是一遇到裁员就失业了。"请接着话题替这位母亲说服儿子，要求成功。

（9）一位内地干部到广州出差，在一货摊上买了件衣服，付款时发现刚刚还在的100多元外汇券不见了。这里只有他和摊主，明知与摊主有关，但没有抓住把柄。他一提此事，摊主反说他诬陷人。假如你是这位干部，请接着说，其要求结果是摊主交出外汇券。

（10）分角色模拟说服劝解：由几个同学分别扮演不同角色，完成劝解的全过程，然后评议角色模拟的逼真性。重点在于评议劝解人的语言运用是否恰当、是否巧妙。

① 居民楼三楼有一住户，女主人是四十岁左右的叶某，此人心胸狭窄，脾气蛮横不讲道理，她常常把一些杂物放到楼道，楼上住户上下很不便。终于有一天，四楼的张某忍不住，要她把杂物搬走，但叶某不听，双方争吵起来。请你来劝解，要求结果是叶某搬走了杂物，两家和好。

② 刘某将自家的临街房子改做饭馆做生意，结果排出的油烟和怪味直冲楼上住户李某家窗户。李某和相邻几家深受其苦。李某等多次要求对方采取措施却均遭拒绝。双方几乎要对簿公堂，街道干部来劝解。要求劝解成功。

（11）评析下面案例，你认为有哪些成功的经验值得吸取？

① 卡耐基是美国著名演说家、教育家。他常租用某家大旅馆的礼堂，定期举办社交培训班。一次，卡耐基突然接到这家旅馆增加租金的通知。更改日期和地点已经不可能了，他决定亲自出面与旅馆经理交涉。下面是二人对话的内容：

卡耐基："我接到你们的通知时有点震惊。不过，这不怪你。假如我处在你的地位，或许也会做出同样的决定。作为这家旅馆的经理，你的责任是让你的旅馆尽可能多地盈利。你不这么做的话，你的经理职位就难以保住，也不应该能保住，对吗？"

经理："是的。"

卡耐基："假如你坚持要增加租金，那么让我们来合计合计，看这样对你有利还是不利。先讲有利的一面。大礼堂不租给我们讲课，而出租给别人办舞会、晚会，那么你获利就可以更多，因为举行这类活动时间不会太长。他们能一次付出很高的租金，比我们出的租金当然要高很多，租给我们你显然感到吃亏了。现在我们再分析一下不利的一面，首先，你增加我的租金，从长远看，你却是降低了收入，因为你实际上是把我撵跑了，我付不起你要的租金，势必再找别的地方办训练班。还有一件对你不利的事，这个训练班将吸引成千受过教育的中上层管理人员到你的旅馆来听课，对你来说，这难道不是起到了不花钱的活广告作用吗？事实上，你花5 000元钱在报纸上做广告，也不可能邀请来这么多人到你旅馆来参观，可我的训练课却给你邀请来了，这难道不划算吗？"

经理："的确如此，不过……"

卡耐基："请仔细考虑后再答复我好吗？"

结果，经理最终同意不加租金。

② 过去，无锡某厂有个外号叫"螳螂"的青年工人，很多人对他的转变几乎失去了信心。刘吉任厂党委书记时主动找他谈了一次话，使这位青年从此改变了。刘吉一见他，就说："你好啊！"青年冷冷地回答；"不敢说好，众所周知我不好。""为什么抽水烟？""有劲，过瘾，没钞票。"刘吉又问："你每月收入多少？"青年答："每月386角，奖金年年无。""为什么？"刘吉又问，"因为我是全厂有名的坏蛋！""你一不偷，二不抢，三不搞腐化，怎么会是坏蛋？""有人说我是不可救药嘛！"刘吉坚定地说："这种说法是错误的，你不是坏人。说你不可救药，不仅是否定了你，同时也否定了教育者自己。"听到这里，这位青年也笑了："哈哈，我与你见解略同。"刘吉问："我听说你曾救过人。""那是过去，好汉不提当年勇。"刘吉接过话茬说："对，有志气！过去你曾经是一个好汉。可如今呢？你骂人、打架、恐吓人、逞英雄，干的是蠢事。我今天来这里是第一次拜访你，想和你交个朋友。我还要拜访你的父母、你的妻子、你的师傅、你的朋友，共同探讨一下青年人如何生活。孔夫子说'三十而立'，你今年整整三十岁了，好花迟开也该开了。"这位青年当场激动地站起来，照着刘吉的肩膀捅了一下，说："刘吉，你够朋友！"后来，这位青年果然发生了很大的转变。

③ 据说著名作家李准有"三句话叫人落泪"的本领。电影艺术家谢添有点不大相信。在著名豫剧表演艺术家常香玉的"舞台生涯50周年庆祝会"上，谢添与李准不期而遇，谢添抓住机会想证实一下。"李准，我想当众试试你，你说几句话，能叫常香玉哭一场，我才服你！要不，你签字认输也行！"李准皱皱眉，摊摊手，对常香玉说："你看看老谢，今天是你的大喜日子，他偏要让你哭。这不是为难人吗？"常香玉痛快地说："你今天能让我掉泪，算你真

有本事!"把李准的退路给堵死了。面对着宴会上喜庆的气氛,李准款款道来:"香玉,咱们能有今天真不容易啊!你还是我的救命恩人呢!我十岁那年,跟着逃荒的难民群到了西安,眼看人们都要饿死了,忽听有人喊:'大歌唱家常香玉发饭了!河南人都去吃吧!'哗——人们一下子都涌出去了!我捧着粥,泪往心里流。心想:日后见了这个救命恩人,我得给她叩个头!哪里想到,'文革'中,你被押在大卡车上游街……我站在一边,心里又在落泪——我真想喊一声:让我替她吧,她是俺的救命恩人哪!""老李,你……别说了!"常香玉捂住脸转过身,满眼泪水滚了下来。整个大厅没一点声息,人们都沉浸在一种伤感的情绪中,就连谢添也轻轻地吸了吸鼻子,他的表情使人感到他已经忘记了这是和李准打赌——分明是信服了。

(12) 看材料回答后面的提问。

① 第二次世界大战期间,美国一位科学家去请求总统罗斯福拨款研制原子弹。这位科学家百般陈述利害,罗斯福仍然不为所动。临走时,那位科学家发现罗斯福的办公室墙壁上挂着一幅画,上面画着一艘潜艇,顿时计上心来说:"19世纪,曾有人向拿破仑提出制造潜水胆的建议,拿破仑觉得很可笑,没采纳。如果拿破仑采纳了这个建议,今天欧洲的历史就要重写了。"罗斯福听罢,立刻改变了态度,同意研制原子弹。
这位科学家使用了什么样的技巧使罗斯福改变了态度?

② 基辛格退休后,不轻易接受采访,而且即使接受也是收费的。一次,中央电视台节目主持人水均益去采访基辛格,一见面,水均益说:"我们的节目有十分钟长,是中央电视台黄金时段节目之一,收看我们节目的观众有四亿。基辛格博士是中国人民的老朋友,很多中国观众都非常希望了解博士您的近况。"结果基辛格愉快地接受了采访,而且免费。
水均益说服基辛格接受采访,成功之处在哪里?

3. 拒绝与应对训练

(1) 有一同学,你很不喜欢他,他却邀请你吃饭。你怎样拒绝他?
(2) 分析下面谈话的语言技巧:
启功先生是北京师范大学的教授、博士生导师、著名的书法家。一次,一个想索求启先生墨宝的人给启先生打电话:
求字者:启功先生,您曾为我的一本书题签,现在书已出版,明天面送给您。
启先生:通过邮局寄给我就行了。
求字者:还是我亲自送来吧。

启先生：那你就干脆说还有什么事吧。

求字者：没事，就是想看看您。

启先生：既然那么想看我，也行，我给你寄张照片来，你可以从从容容地看。

求字者：那不好，我还是来看您吧。

启先生：那么你明天何时来，说个点儿。我出门，就在大门口，你也不用进我家的门，你不是就为看我吗？

（3）老同学请你帮助办一件事情，你知道帮助办理一定要违反原则，不能去办。如何婉言拒绝他？请两位同学示范一下。

（4）小组会上，有人选本组的一位成员为先进，你反对，但当面又不便直说，怎么办？

（5）你去某商店推销一种产品，在对方对产品根本不了解时，如何介绍要推销的商品？一人扮作推销员，一人扮作顾客。

4．赞美与批评训练

（1）请一同学上台，赞美讲课老师，然后师生评议。

（2）以同桌为单位演练：一人倾听，另一人批评对方，师生做评判。

（3）一位业绩很高的服饰店店员是这样推销服装的：如果客人是胖子，她会拿一件小一号的衣服给对方试穿；如果是瘦子，则取大一号的衣服。客人当然知道自己穿几号的衣服，会对店员说："不行，我是穿×号的！"这时，这位店员就会很惊讶地说："啊！真的吗？可是我一点都没看出来呀！"请问，这位店员的做法有什么高明之处？

（4）中午休息时间，厂长看见几个工人在写着"严禁吸烟"的警告牌下抽烟。厂长走过去，友好的递上几支香烟给那几个工人，说："诸位，如果你们能到外面去抽掉这些烟，我真感激不尽"。请问，这位厂长采用了什么样的批评方法？这种做法有什么好处？

（5）请你当众赞美一位同学，然后再试着就其某一缺点加以批评。

（6）试分析下面这位老师的语言艺术。

有一次，几个属鼠的男同学在期中考试中考了满分，挺得意，有点飘飘然，他们的班主任发现了，就对他们说："怎么，得意了？你们知道得意意味着什么吗？请注意今天下午的班会。"那几个学生猜想：糟了！在下午的班会上，等待他们的准是狂风暴雨！

可奇怪的是，在班会上，班主任的批评却妙趣横生。他是这么说的："树林子要是大了，就什么鸟儿都有，自然，天下大了，就什么老鼠都有。我就听说过这么一个故事。有只小老鼠外出旅游，恰好两个孩子在下兽棋，小老鼠就悄悄地看，还发现了一个秘密，这就是，尽管兽棋中的老鼠可以被猫吃掉、被狼吃掉、被虎吃掉，实际上它却可以战胜大象，于是立刻认定，我才是真正的百兽之王呢！这么一想，小老鼠就得意起来了，从此瞧不起猫、看不起狗，甚至拿狼开心。有一天，它还大摇大摆地爬到老虎的背上，恰好老虎正在打瞌睡，懒得动，就抖了抖身子。于是小老鼠更加得意，它还趁着黑夜钻进了大象的鼻子，大象觉得鼻子痒痒，也就打了个喷嚏，小老鼠立刻像出膛炮弹似的飞了出去，就这么飞呀飞呀飞，好半天好半天，才扑通一声掉在臭水坑里！好，现在就请大家注意一下，'臭'字的写法，怎么写的？'自''大'再加一点就是'臭'。有趣的是，今年正好是鼠年，咱们班有不少属鼠的同学，那么，这些'小老鼠'们会不会也掉到臭水坑里呢？我想不会，但必须有一个条件，这就是永不骄傲！"说到这，这位班主任还特意看了看那几个男同学。那几个男同学当然明白，老师的批评，全包含在那个有趣的故事中了！他们挺感激，很快改正了自己的缺点。

评价标准：

能够掌握交际语言的基本要求，熟练运用各种交际语言的技巧。

第三部分　职场语言应对训练

 学习目标

【知识目标】

1. 了解求职与应聘口才的特殊性,具备求职、应聘应有的口语表达素质,掌握相关的技巧和原则。
2. 掌握不同行业领域的职场工作语言,具有一定的介绍、描述行业知识或操作讲解所需的语言表达能力。

【能力目标】

1. 学会应对求职面试时各种情况的言语技巧,具有一定的应变能力。
2. 掌握行业领域工作中口语运用的基本技能,要在达到一定表达要求的基础上,依据职业的差异,其用语做到科学、严谨、简明。

【情感目标】

1. 语言表达清晰准确,具有在职业岗位上进行事务处理所需要的语言能力。
2. 职场人际沟通,其用语要亲切、委婉,或具有亲和力,或富有感染力,为营造和谐的人际关系服务。

 **任务九　求职面试语言表达训练**

任务提出：求职面试语言表达。
任务目标：学会应对求职面试时各种情况的言语技巧，具有一定应变能力。
任务分析：1. 面试前的准备工作。
　　　　　　2. 面试时在仪表方面的注意事项。
　　　　　　3. 面试中言语技巧训练。

 **基础知识**

求职面试语言表达技巧

　　面试主要是主考人员通过与应试者直接交谈的方式来考查其是否具备所报考职位应有的才能和某些素质，这是笔试所不易达到的。面试可以弥补笔试的不足，易于考查应试者的口头表达能力与交往能力，观察其举止、仪表与气质等。面试口才是指在应聘过程中进行语言表达所传递出来的一种才能。

　　面试的形式主要有两种，一种是个别面试，另一种是分组面试。个别面试是指由5～7名考官组成面试委员会，对应试者就个人经历、兴趣、求职动机以及有关政治、经济、文化、社会等一系列问题，连续发问，以测试其口头表达能力、应变能力等。我们如何在个别面试中发挥自身的特长，扬长避短，用语言、真诚、真才实学为自己谋得一个好职位？如何运用才智、风度以及语言技巧在面试中使自己脱颖而出呢？

一、充分准备，突出自身特有的性情

　　首先，在面试之前要准备好必要的个人材料，如个人简历、工作简历、证书等，以便在面试时能简洁而又全面地介绍自己，并随时亮出自己的"特技"，尤其是能突出自己优势的"特技"，如具有音乐、公关、主持类的特长，参加过什么演讲，获得过什么奖项等，给考官打下一个深刻的烙印。其次，

要对招聘单位有较详细的了解,如规模、组织、人事、工作范围、成就和存在的问题等。如果你在面试问答时,能不时地提及你所了解的有关招聘单位的一些情况,可以使主考官感到你对招聘单位的关注,体现出自身特质,可博得主考官的好感。再次,要调整好自己的心态,消除紧张与自卑心理,认真分析自己的优势和可能存在的弱点,心理上要有所准备。例如主考官问:"你如何与优秀的本科生竞争?"你要坦诚相告自己作为专科生的劣势和自己的特点,以便主考官对你充满信心。总之,在面试前一定要自信,要相信自己的水平和能力。

二、注意谈吐,展现自身语言魅力

大家知道,在面试中最重要的一个环节是交谈。我国古代文学理论家刘勰在《文心雕龙·论说》中说:"一人之辩,强于九鼎之宝;三寸之舌,重于百万之师。"可见口才的价值、口才的分量。口齿伶俐会成为一个人的长项而增加面试通过率,因为每一个用人单位都知道:人才者未必有口才,而有口才者也是一个单位所需要的。那么,如何发挥自己的才智、展示自己的口才呢?在面试中,需要掌握三个原则:实事求是,随机应变,自圆其说。其中后两者主要体现了灵活性的特点,但必须以实事求是为前提和基础。

(一)实事求是

实事求是,即在面试中应试者回答考官提问时要从本人的实际情况出发,不夸大,不缩小,正确对待和处理考官的发问。

在面试中涉及专业知识时,更要实事求是地回答,即使你对考官所提的问题回答不出来。如考官问道"我国政府机构的名称一般包括哪几项内容"时,你如不知道这些专业知识,就坦率地承认"不知道"并表示歉意。一个人的知识面总是有限的,如果在不知道的情况下妄说,反倒会影响对你的录用。当问到你熟悉的问题时,你应尽量发挥得充分些。

1. 直言相告法

直截了当,把自己与问题有关的事实坦率而明确地告诉主考官。这种方法一般用在专业、家庭背景、学历、业余爱好等方面。

【情景1】

面试官:大学时,你学的是什么专业?

求职者：我学的是计算机专业。我认为这是个具有很大发展前景的专业，我对它非常感兴趣。

【情景2】

面试官：现在请你来谈谈你自己的情况。

求职者：我选择的是建筑学专业，或许经理你会觉得奇怪，像我这样一个斯斯文文的姑娘，怎么会选择一个要经常下工地搞设计的专业？我之所以选择这个专业，原因有……

【情景3】

面试官：除了我们公司之外，你还应征了其他哪些公司呢？

求职者：除了向贵公司这样的计算机外设产品公司外，我还应征了××饮料公司、××软件设计公司及××化工公司。

2．个性显示法

个性显示法主要靠坦率的语言。例如，"老实说，我很想要这份工作。""说实在的，现在我确实很紧张"等；又如，面试官知道你报考的是计算机操作员职位，会问你在校时喜欢哪几门功课？如果你的"线性代数""高等数学""C语言程序设计"等几门课的成绩都是优秀的话，你可以说："对这三门课我都喜欢，尤其是'C语言程序设计'。"面试官如追问为什么，你可以回答："计算机是把数学的思维方式运用到程序设计中去，比简单地应用数学公式更能发挥我的聪明才智。"

3．用事例说明成绩

用具体的事例实事求是地证明自己的观点。"具体"指：一是从个人所具有的相应的内涵出发；二是指详细地用事实说服别人。尽量避免对自己作过分的夸张，一般不宜使用"很""第一""最"等表示极端的词来赞美自己，要用真实的事例来说明。

（二）随机应变

随机应变是指面试考官要考查应试者能否随着情况的变化掌握时机、灵活应付的多变能力。面试是一种检测性的被动交谈，面试官可能会提出各种各样刁钻的、难以回答的问题来了解你的思维水平、品德修养和协调能力。比如，面试官问："你注意到没有，首长接见外宾时，除了录音以外还有个人在速记。你认为，有了录音机，速记还有用吗？"这是个基于生活常识的应变能力考题,你可简要回答:"我认为是有用的。因为录音机与速记可以功能互补。录音机只能解决声音的记录,需要书面材料时,就要靠速记了。当需要经过特定整理的信息时,采用录音机,就只能是事后整理,而速记可现场加工整理。"

当你进入面试考场之后,如果遇考官们都不发问,而是面带微笑地看着你,使你不知所措,心里紧张,这时候你可以"主动出击",改变这种被动局面,如你可以先作自我介绍,并逐渐把重点转移到自己所精通的专业知识上,甚至可以向考官们提出一些问题,以显得自己是位谈吐清楚、头脑灵活、反应敏捷、能够随机应变的人。

1. 虚实并用,以实补虚

有些问题只是虚发,但希望能听到真实的回答。如"你认为你对我们有什么价值?"回答:一是求职者自己具有的知识、技能,能做什么工作;二是凭已有的经验能为公司做些什么。

【情景4】

面试官:你认为你对我们有什么价值呢?

求职者:大学时,我主修的是计算机,成绩优秀,实际操作能力强,我不但有理论知识,还有实际经验。读书期间,我参加勤工俭学活动,在××公司做过推销员,还为学校拉过广告,已有一点经验和一些熟悉的客户。所以我觉得,自己若有幸能来贵公司,不但可为贵公司从事技术工作,还可以推销产品,产销双结合。

2. 另辟蹊径,曲言婉答

对有些问题的回答,必须避开正面话题,曲径通幽。

【情景5】

面试官:如果我录用你,你认为你在这个岗位上会待多久呢?

求职者:这问题可能要等我工作一段时间后,才能比较具体地回答。因为一份工作至少要做三五年,才能学习到精华的部分。

(三)全面解析,语言诚恳

对主考官的提问要以缜密的语言给予全面、精辟地解析;在回答复杂问题时,宜先提出要点,再一一分层次扼要说明,这样可以给人一种条理清楚、逻辑性强的印象。在谈到特长时,要多用通俗语言,少用专业术语,可以避

免给人一种莫名其妙的感觉;相反,对于将要从事的专业,主考官多少懂一些,在回答时,适当地用点十分准确的专业术语,可以起到暗示你比较懂行的作用。在分析问题时,可以适当引用一些名人名言、典故、成语,为你的口才增色,使人感觉到你是一个有文学修养和渊博知识的人。

任务训练:

(1) 两个同学为一组,分别扮演招聘单位、求职者的角色。根据以下招聘启事,进行求职自我介绍。

招聘启事

我公司因业务发展需要,特招聘财会、文秘、翻译、营销、计算机应用人员各一名,具体应聘要求如下:

1. 相貌端正,年龄在23~30岁之间,形象气质好,男女不限。
2. 大专以上文凭,具有较强的业务能力和组织应变能力。
3. 有特长和工作经验者优先考虑。

符合上述条件的有意者请携带相关证件前来应聘。

(2) 组织"模拟职场面试"活动,要求学生对求职应聘前的准备工作有充分了解,每6人一组,4人担任主考官,两人担任应聘者,每轮结束后互换。考核问题由教师提前设计好,模拟时临时抽签或临时设置意外场景,考核学生在面试时的反应能力。

(3) 某单位到我校招聘员工,问起你愿不愿意去他们单位工作时,你感到有些情况还不清楚,还想再考虑一下,可当时的情况又不允许你说"不",因为你不想失去这次机会,为此可酌情咨询有关事项。据此情境进行模拟训练。

评价标准:

(1) 学生须达到思维敏捷,快速组织语言,正确表达自己的思想;声音洪亮,口齿清晰。

(2) 良好的心理素质和合适的态势语,学会应对求职面试时各种情况的言语技巧,具有一定的应变能力。

任务十 职场中的自我介绍训练

任务提出: 职场中不同场合的自我介绍。

第三部分 职场语言应对训练

任务目标： 1. 了解职场中自我介绍的方法和技巧。
2. 学会在职场中自我介绍。

任务分析： 1. 求职面试自我介绍。
2. 社交场合自我介绍。
3. 公务交往中的自我介绍。
4. 正规、隆重场合的自我介绍。

 **基础知识**

职场中的自我介绍

一、自我介绍概述

（一）自我介绍不可缺少

现代人要生存、发展，就需要与他人进行必要的沟通，以寻求理解、帮助和支持。介绍是人际交往中与他人进行沟通、增进了解、建立联系的一种最基本和最常规的方式，是人与人进行相互沟通的出发点。一个良好的自我介绍，可以给他人留下深刻的印象，帮助你积累人脉，对你的工作、生活都会起到很好的作用。

（二）自我介绍的场合

应当何时进行自我介绍？这是最关键而又往往容易被人忽视的问题。在下面场合，有必要进行适当的自我介绍。
（1）应聘求职时。
（2）在社交场合。
（3）公务交往中。
（4）正规、隆重的场合。

（三）自我介绍的形式

根据目的、需求和环境的不同，自我介绍可以分为以下五种具体形式。

1. 应酬式自我介绍

应酬式的自我介绍适用于某些公共场合和一般性的社交场合，如旅行途中、宴会厅里、舞场上、通电话时等，其对象主要是进行一般接触的交往对象。对介绍者而言，对方属于泛泛之交，或者早已熟悉，进行自我介绍只不过是为了确认身份而已，故此种自我介绍内容要少而精。

应酬式的自我介绍内容最为简洁，往往只姓名一项即可，例如：

"您好！我的名字叫张思宇"。

"我是王海波"。

2. 工作式自我介绍

工作式的自我介绍主要适用于工作之中，是以工作为自我介绍的中心，因工作而交际，因工作而交友，有时也称公务式的自我介绍。

工作式自我介绍的内容应当包括本人姓名、供职的单位及其部门、担负的职务或从事的具体工作这三项，即工作式自我介绍内容的三要素，通常缺一不可。其中，第一项姓名，应当一口报出，不可有姓无名，或有名无姓；第二项供职的单位及其部门，最好全部报出，或者具体工作部门有时也可以暂不报出；第三项担负的职务或从事的具体工作，有职务最好报出职务，职务较低或者无职务，则可报出目前所从事的具体工作。

3. 交流式自我介绍

交流式的自我介绍主要适用于社交活动中，是一种刻意寻求与交往对象进一步交流与沟通、希望对方认识自己和了解自己、与自己建立联系的自我介绍，有时也叫社交式自我介绍或沟通式自我介绍。

交流式自我介绍的内容，大体应当包括介绍者的姓名、工作、籍贯、学历、兴趣以及与交往对象的某些熟人的关系，等等。介绍内容不一定非要面面俱到，而应依照具体情况而定。例如：

"我叫齐晓，现在在沈阳第一机床厂工作。我是辽宁信息职业技术学院06级的，我想咱们是校友，对吗？"

"我的名字叫王芳，现在在大连机床厂做工程师，我和您先生是大学同学"。

"我叫郭明明，沈阳人。我刚才听见你在唱那英的歌，她是我们沈阳人，我特喜欢她唱的歌，你也喜欢吗？"

第三部分 职场语言应对训练

4. 礼仪式自我介绍

礼仪式的自我介绍适用于讲座、报告、演出、庆典、仪式等一些正规而隆重的场合，是一种意在表示对交往对象友好、敬意的自我介绍。

礼仪式自我介绍的内容，亦包含姓名、单位、职务等项，但是还应多加入一些适宜的谦辞、敬语，以示自己礼待交往对象。例如：

"各位来宾，大家好！我叫曲艳，是联想公司的经理。现在，由我代表本公司热烈欢迎大家光临我们的开业仪式，谢谢大家的支持。"

5. 问答式自我介绍

问答式的自我介绍一般适用于应试、应聘和公务交往，在普通的交际应酬场合也时有所见。

问答式自我介绍的内容，讲究问什么答什么，有问必答。例如：

某甲问："这位小姐，你好，不知道你应该怎么称呼？"某乙答："先生你好！我叫赵雪娇。"

主考官问："请介绍一下你的基本情况。"应聘者答："各位好！我叫王强，现年28岁，辽宁大连人，汉族，共产党员，未婚，1995年毕业于大连海事大学船舶工程系，获工学学士学位。现在大连造船厂任助理工程师，已工作3年。其间，曾去韩国工作1年。本人除精通专业外，还掌握英语、韩语，懂电脑，会驾驶汽车和船只。曾在国内正式刊物上发表过5篇论文，并拥有一项技术专利。"

（四）自我介绍的注意事项

（1）注意时间。要抓住时机，在适当的场合进行自我介绍，对方有空闲，而且情绪较好，又有兴趣时，这样就不会打扰对方。自我介绍时还要简洁，尽可能地节省时间，以半分钟左右为佳。为了节省时间，作自我介绍时还可利用名片、介绍信加以辅助。

（2）讲究态度。进行自我介绍时态度一定要自然、友善、亲切、随和；应落落大方，彬彬有礼。既不能唯唯诺诺，又不能虚张声势，轻浮夸张。语气要自然，语速要正常，语音要清晰。

（3）真实诚恳。进行自我介绍要实事求是，真实可信，不可自吹自擂，夸大其辞。

二、求职面试时的自我介绍

1. 求职面试自我介绍的内容

（1）自己的姓名和身份。可能应试者与面试考官打招呼时，已经将此告诉了对方，而且考官们完全可以从你的报名表、简历等材料中了解这些情况，但仍请你主动提及。这是礼貌的需要，还可以加深考官对你的印象。

（2）简单介绍个人基本情况，包括学历、工作经历、家庭概况、兴趣爱好、理想与抱负等。这部分的陈述务必简明扼要、抓住要点。例如，介绍自己的学历，一般只需谈本专科以上的学历；工作单位如果多，选几个有代表性的或者你认为重要的介绍；其他内容一定要和面试及应考职位有关系，并保证叙述的线索清晰。一个结构混乱、内容过长的开场白，会给考官们留下杂乱无章、个性不清晰的印象，并且让考官倦怠，削弱对继续进行的面试的兴趣和注意力。

（3）简单介绍在校或工作期间圆满完成任务的事件。以一两个例子来形象地、明晰地说明自己的经验与能力。例如，在学校担任学生干部时成功组织的活动；或者如何投入到社会实践中，利用自己的专长为社会公众服务；或者自己在专业上取得的重要成绩以及出色的学术成就等。

（4）简述求职动机。结合你的职业理想说明你应聘这个职位的原因，这一点相当重要。你可以谈你对应聘单位或职务的认识和了解，说明你选择这个单位或职务的强烈愿望。原先有工作单位的应试者应解释清楚自己放弃原来的工作而做出新的职业选择的原因。你还可以谈如果你被录取，那么你将怎样尽职尽责地工作，并不断地根据需要完善和发展自己。当然这些都应密切联系你的价值观与职业观。不过，也不要将自己描述为不食人间烟火的、不计较个人利益的"圣人"，否则考官们对你的求职动机的信任就要大打折扣了。

2. 求职面试自我介绍的时间

一般情况下，自我介绍应该是 3~5 分钟较适宜。时间分配上，可根据情况灵活掌握。一般情况下，第一部分可以用约 2 分钟，第二部分可以用约 1 分钟，第三部分用 1~2 分钟。

好的时间分配能突出重点，让人印象深刻，而这取决于你面试准备工作做得好坏了。如果你事先分析了自我介绍的主要内容，并分配了所需时间，抓住这三五分钟，你就能中肯、得体地表达出你自己。有些应试者不了解自我介绍的重要性,只是简短地介绍一下自己的姓名、身份,其后补充一些有关自己的学历、工作经历等情况,大约半分钟左右就结束了自我介绍,然后望着考官,等待下面的提问。但也有的应试者想把面试的全部内容都压缩在这几分钟里。要知道面试考官会在下面的面试时间里向你提有关问题的,你应该给自己也给他人留下这个机会。

3. 求职面试中自我介绍的技巧

(1) 科学把握时间,合理分配时间,突出重点内容。面试时,考官一般会让你进行简单的自我介绍。这时,你千万不能说求职信上都写得清清楚楚之类的话,而应用 2 分钟左右的时间,把自己的基本情况描述出来。

有一位公共关系学教授说过这样一句话:"每个人都要向孔雀学习,2 分钟就让整个世界记住自己的美。"自我介绍也是一样,只要在短时间内让考官了解自己的能力、特长就已经足矣,千万别干"画蛇添足"的蠢事。

自我介绍的时间一般为 3 分钟,在时间的分配上,第一分钟可谈谈学历等个人基本情况;第二分钟可谈谈工作经历,对于应届毕业生而言可谈相关的社会实践;第三分钟可谈谈对本职位的理想和对于本行业的看法。如果自我介绍要求在 1 分钟内完成,自我介绍就要有所侧重,突出一点,不及其余。

(2) 语言要生活化,表达要自然流畅。人力资源专家指出,自我介绍可以事前准备,也可以事前找些朋友做练习,但自我介绍应避免书面语言的严整与拘束,而应使用灵活的口头语进行组织,切忌以背诵或朗读的口吻介绍自己。如果那样的话,对面试官来说将是无法忍受的。自我介绍还要注意声线,尽量让声调听来流畅自然,充满自信。

(3) 只说与职位相关的优点。自我介绍时要投其所好摆成绩,这些成绩必须与现在应聘公司的业务性质有关。在面试中,你不仅要告诉考官你是多么优秀的人,更要告诉考官,你如何地适合这个工作岗位。那些与面试无关的内容,即使是你引以为荣的优点和长处,你也要忍痛舍弃。

在介绍成绩时,说的次序也极为重要,应该把你最想让面试官知道的事情放在前面,这样的事情往往是你的得意之作,也可以让面试官留下深刻的印象。

(4) 内容实事求是,真实可信。人们常说:"金无足赤,人无完人。"人生立世诚为本。诚实最终会带来好运。自作聪明地"把优点故意说成缺点",靠隐藏在"漂亮"技巧后的虚伪去掩饰自己,不仅显得滑头、虚伪,而且必

是惹人反感。实际上，适当透露自己的缺点、正视自己，考官往往很欣赏。所以，智者说——诚者赢也。此话不假！

进行自我介绍时所表述的各项内容，一定要实事求是，真实可信。没有必要过分谦虚，一味地贬低自己去讨好别人，但也不可自吹自擂，吹嘘弄假，夸大其辞，大掺水分，否则定会得不偿失。

（5）谈吐自然，落落大方，充满自信。自我介绍时的谈吐有三个原则：自信，个性，中肯。回答要沉着、突出个性，强调自己的专业与能力；语气中肯，不要言过其实。

三、社交场合的自我介绍

在社交活动中，如果希望新结识的对象记住自己，以作进一步沟通与交往，自我介绍时除姓名、单位、职务外，还要学会运用特色的方法来介绍自己的名字，让别人听而不忘。要达到这样的效果可以采用如下技巧。

（1）赋予名字积极的意义。比如，我叫王鹏飞。大家选我当班长，我感到很荣幸。父母希望我如大鹏展翅，扶摇万里，我却希望我们的班集体能乘风直上，奋勇腾飞。

（2）故事法。讲明名字的来历或者编一个关于名字的故事，也是比较好的方法。如：震生（地震时出生）、忆洪（洪水时出生）、卫兵（70年代初期的时代背景）等，这些名字都包含了一些特别的历史或是其他方面故事的背景，也比较容易介绍。

（3）与名人挂钩。与名人挂钩，可以利用名人效应，让别人更容易记起自己。

（4）谐音法。利用谐音也能很好地给人留下想象的空间，留有余味。

（5）和地名挂钩。和自己相关的地方挂钩，既让对方记住了自己的名字，又能知道一些其他信息。比如，李淮河，可以这样介绍：我姓李，在秦淮河边长大，因此我的名字就叫李淮河。

（6）古诗词法。很多人的名字都是取自于古诗词，这样介绍自己就更容易了。比如，时新——无边光景一时新；张恨水——自是人生常恨水常东；张习之——学而时习之。

四、公务交往中的自我介绍

因公务、工作需要与人交往时，自我介绍应包括姓名、单位和职务，无职务者可介绍从事的具体工作，比如，"我叫李明，是某某公司的财务经理"；"我叫蔡芳，在某某公司从事销售工作"。

公务交往中的自我介绍应注意做到：简洁，清楚，礼貌。

五、正规或隆重场合的自我介绍

在讲座、报告、庆典、仪式等正规或隆重的场合向出席人员介绍自己时，除了介绍清楚自己的姓名、单位和职务之外，还应加一些适当的谦辞和敬语。

任务训练：

1. 谈谈下面这些求职面试自我介绍存在的问题

（1）我叫×××，我毕业于××学校××专业，下面我做一下自我介绍……。我介绍完了。

（2）会计专业毕业的于某上学期间成绩优异，又是一名优秀的学生干部。毕业后，她到一家企业应聘会计职位。面试时，考官要他简单介绍一下自己。早有准备的于某从容不迫，先介绍自己的姓名、毕业学校及专业，接着详细介绍了自己在校期间所学的课程和成绩、大学四年所担任的学生干部工作、参加过什么社会活动、得过什么奖励；然后又谈了自己爱好文学，读了哪些文学名著；爱好唱歌，曾在哪些歌唱比赛中获奖；爱好体育，在运动会上获过什么名次……洋洋洒洒七八分钟。

（3）小芳去酒店应聘，面试官要求每位应聘者先作自我介绍。小芳早做了充分的准备，将大学四年里所干的事，写了一段话，还作了一些修饰，她的介绍十分流利，并且极有文采，如同一篇优美的散文。

2. 进行对比

对比下面两份 **A** 和 **B** 求职面试自我介绍，说说哪一个更好，为什么？

A：

尊敬的考官，下午好：

我来自美丽的海滨城市××，今年24岁，是××大学××专业本科的应

届毕业生。闽南的山水哺育我长大，我的血液里流淌着闽南人特有的活泼开朗性格和爱拼才会赢的打拼精神。带着这种精神，在校期间我刻苦学习，取得了优异的成绩。

除了学习之外，我还担任班级干部，积极参加各种社会实践活动。在工作和活动中，我学到了很多东西，培养了自己的工作能力，学会了处理人际关系，为我更快地走向社会提供了良好的平台。

此外，计算机和篮球是我业余最大的爱好，我的计算机水平通过了国家2级，熟悉日常的电脑操作和维护，我们班篮球队在篮球比赛中成绩非常好。

回顾自己大学四年的学习生活，感触很深，但觉得收获还是颇丰的。掌握了专业知识，培养了自己各方面的能力，这些对今后的工作都将产生重要的帮助。除此之外，也应该看到我的一些缺点，如有时候做事情比较急于求成，在工作中实际经验不足等等。但"金无足赤，人无完人"每个人都不可避免地存在缺点，有缺点并不可怕，关键是如何看待自己的缺点，只有正视它的存在，通过不断努力的学习才能改正自己的缺点。今后我将更严格要求自己，努力工作，刻苦学习，发扬优点，改正缺点，开拓前进。

这次我选择这个职位除了专业对口以外，我觉得我也十分喜欢这个职位，相信它能让我充分实现我的社会理想和体现自身的价值。我认为我有能力也有信心做好这份工作，希望大家能够认可我，给我这个机会！

自我介绍完毕，谢谢各位考官！

B：

尊敬的考官，下午好：

我叫×××，今年24岁，是××大学××专业本科的应届毕业生。在校期间我努力学习，曾获得二等奖学金一次，三等奖学金两次。

除了学习之外，我还参加过各种社会实践活动。曾担任班级的宣传委员，成功组织了几次班级和学院的公益活动，比如青年志愿者助残活动和向孤儿院儿童献爱心活动等。组织这些活动以及和活动中其他成员的相处，让我学到了很多东西，对培养自己的组织能力和处理人际关系的能力都有很大帮助。

此外，计算机和篮球是我业余最大的爱好，我的计算机水平通过了国家2级，除熟悉日常的电脑操作和维护外，还自学了网站设计等，并自己设计了个人主页。我是班级的篮球队主力，篮球运动让我强身健体，也培养了我的团队精神。

大学四年的学习生活，我感觉收获很大。掌握了专业知识，培养了自己各方面的能力，相信这些对今后的工作都将产生重要的影响。同时，我也看到自己的一些缺点,如有时候做事情比较急于求成,在工作中实际经验不足等等。我正视它的存在,也在不断地改正自己的缺点。

这次我选择这个职位除了专业对口以外,还因为我十分喜欢这个工作,并且认为自己有能力也有信心做好这份工作。希望各位尊敬的考官能够认可我,给我这个机会!

自我介绍完毕,谢谢各位考官!

3. 模拟面试自我介绍训练

训练目标:让学生根据本专业的自身特点,结合学生自己的实际情况,利用所学的专业知识,进行一次别开生面、生动活泼的模拟求职面试场合的自我介绍。

训练重点与难点:学生在自我介绍的过程中如何显现自己应聘所选岗位的特色和优势,掌握求职面试自我介绍的技巧。

训练角色:面试官、应聘人员。

场景布置:教室作为一个模拟招聘的面试场合,讲台作为模拟的经理办公桌。

训练过程:请参加应聘的同学按座次或学号依次站起来进行自我介绍。要求语言简练,各有特色。你们可以通过比喻、谐音、模拟等各种办法突出特点吸引听众;力求艺术性、趣味性与独创性相统一;要努力做到有较好的效果,甚至能够产生轰动效应;能够让主考官记得你或对你印象深刻,同时也让其他应聘者对你刮目相看。全体同学都要热情鼓掌,以示鼓励和支持,使介绍者增强信心,敢于表现自己。

介绍要求:

(1) 每5个学生一组进行自我介绍。

(2) 介绍自己的姓名。

(3) 介绍自己的毕业院校。

(4) 介绍自己所学专业的特点。

(5) 介绍自己的特长。

【评析】 让没有参加应聘的学生和教师都参与评价,评出最佳发言人。

4. 自我介绍实例

下面是新员工见面会上自我介绍的实例,请分析这些精彩的自我介绍分别采用了哪种方式。

(1) 我叫张莉，弓长张，茉莉花的莉。我性格开朗。爱好广泛，特别喜欢唱歌、跳舞、读小说。我愿意和大家友好相处，共同进步。

(2) 我叫赵杰，赵，是赵钱孙李的赵，百家姓中第一姓，杰，是英雄豪杰的杰，我的理想就是要做一个堂堂正正的英雄豪杰，不枉第一姓的称呼。

(3) 我叫李洁。我的名字多少反映出我的特点：爱好整齐、清洁。也许正因为这一点，我从小学到中学一直当生活委员。生活委员的日常工作是代同学们热饭、买饭票、组织值日和扫除。当我为同学们做了一点事的时候，我并不期望听到"李洁（理解万岁）"的欢呼；当我因做值日和同学发生摩擦的时候，我衷心希望李洁能得到"理解"。

(4) 我叫高威武，身高 1.63 米，又干又瘦，实在是既不高也不威武。但是我身上 207 块傲骨一块也不缺，丝毫也不为自己的形象自卑。如果有谁坚持以貌取人，我倒愿意在围棋上同他较量较量，以证明我的大脑并无缺憾。

(5) 百家姓中我为先，诗圣大名在中间，再选屈原一个字，加在姓名最后边。抗日战争得胜利，我出生前四十年。赤橙黄绿青蓝紫，是我业余好伙伴。

(6) 我父亲姓贾，我妈常叫我继兴，我的小名有失文雅，但已成为我奶奶的专利，恕不奉告。本人以记忆力超群而自豪，遗憾的是老记不准历史年代，于是乎同学们无意中就把我叫做"假记性"。不过，我得提醒各位，谁要是说了我的坏话，我能记他一辈子。

(7) 我叫周江平，周是周恩来的周，江是江泽民的江，平是邓小平的平。三位伟人都是我最崇拜的偶像，因此，我时时刻刻都把偶像挂在嘴边，鞭策自己做一个对社会有益的人。

(8) "唐代大诗人白居易有一首词，'江南好，风景旧曾谙，日出江花红胜火，春来江水绿如蓝，能不忆江南？'我就是能不忆江南的江南，春风又绿江南岸的江南。"

(9) 我叫孙迎菊，据我妈妈讲，在我出生的那天，我家窗台上的那一盆菊花一夜之间就绽放出来了，于是我妈妈就给我起了这个名字。

5. 模拟情景训练

在新生入学第一次班会上做个性自我介绍。

6. 分析自我介绍的内容，掌握技巧

分析下面自我介绍的内容，掌握公务交往自我介绍的技巧。

（1）"我名叫王海涛，现在在山东大学物理系教物理"。
（2）"你好！我叫张思雨，是鹏程软件公司的工程师"。
（3）你们好，我叫张宇，欢迎各位来到我公司，以后的几天里，由我来安排大家的活动和生活，各位有什么要求请不要客气，如果我有什么照顾不周的地方，希望各位多多指教。谢谢！

7. 模拟训练

（1）前往陌生单位，进行业务联系。
（2）领导安排你接待前来参观的客人，你怎样做自我介绍。

评价标准：

（1）自我介绍的内容是否符合不同场合的需要，能否抓住重点。
（2）介绍过程中的表情、动作、语言等是否符合礼仪要求。

任务十一　职场交往语言表达训练

任务提出：与领导、同事、客户的交谈。

任务目标：掌握与领导、同事、客户交谈时的技巧与方法，并能在学习和工作中熟练运用。

任务分析：1. 向领导汇报工作以及面对领导批评意见时的注意事项。
2. 初到工作岗位、被提拔时、锋芒太露时与同事的说话技巧。
3. 初次与客户见面、赢得客户信任、巧妙应对客户时的说话技巧。

基础知识

职场交往语言表达技巧

一、与领导谈话的技巧

谈话是加强沟通、联系上下级关系的一条重要纽带。因此，作为下级的

你，一定要重视和领导的谈话，把握住自己的分寸。具体地说，应注意以下几个细节。

1. 不妨主动些

作为下属，可以积极主动地与领导交谈，渐渐地消除彼此间可能存在的隔阂，使上下级关系相处得正常、融洽。当然，这与"巴结"领导不能相提并论，因为工作上的讨论及打招呼是不可能缺少的，这不但能祛除对领导的恐惧感，而且也能使自己的人际关系圆满，工作顺利。

2. 在态度上，必须不卑不亢

对领导应当尊重。你应该承认，领导一般定有强过你的地方，或者才干超群，或是经验丰富，所以对领导要做到有礼貌、谦逊。但是，绝不要采取"低三下四"的态度。绝大多数有见识的领导，对那种一味奉承、随声附和的人是不会予以重视的。在保持独立人格的前提下，你应采取不卑不亢的态度。在必要的场合，你也不必害怕表示自己的不同观点，只要你是从工作出发，摆事实，讲道理，领导一般是会予以考虑的。

3. 选择适当的时机

领导一天到晚要考虑的问题很多，你应当根据自己的问题的重要与否，选择适当的时机去反映。假如你是为个人琐事，就不要在他正埋头处理事务时去打扰他。如果你不知道领导何时有空，不妨先给他写张纸条，写上问题的要求，然后请求与他交谈；或写上你要求面谈的时间、地点，请他先约定。这样，领导便可以安排时间了。

4. 事先做好充分的准备

在谈话时，充分了解自己所要说的话的要点，简练、扼要、明确地向领导汇报。如果有些问题是需要请示的，自己心中应有两个以上的方案，而且能向上级分析各方案的利弊，这样有利于领导做决断。为此，事先应当周密准备，弄清每个细节，随时可以回答；如果领导同意某一方案，你应尽快将其整理成文字再呈上，以免日后领导又改了主意，造成不必要的麻烦。要先替领导考虑提出问题的可行性。有些人明知客观上不存在解决问题的条件，却一定要去找领导，结果造成了不欢而散的结局。

5. 向领导报告一定要有根有据

美国广告大王布鲁贝克在他年轻时,他所在公司的经理问他:"印刷厂把纸送来没有?"他回答:"送过来了,共有 5 000 令。"经理问:"你数了吗?"他说:"没有,是看到单上这样写的。"经理冷冷地说:"你不能在此工作了,本公司不能要一个连自己也不能替自己作证明的人来工作。"从此,布鲁贝克得出一个教训:对领导,不要说自己没有把握的事情。

二、与同事谈话的技巧

在办公室里,同事每天见面的时间最长,谈话可能涉及工作以外的各种事情,如果说话不适宜,常常会给自己带来不必要的麻烦。与同事间的谈话必须掌握好分寸。

(1)在办公室不要过分吐露自己的烦恼。有许多爱说且性子直的人,喜欢向同事倾吐苦水。虽然这样的交谈富有人情味,能使你们之间变得友善,但是研究结果表明,只有不到 1% 的人能够保守秘密。所以,当你的个人危机和失恋、婚外情等发生时,你最好不要到处诉苦,不要把同事的"友善"和"友谊"混为一谈,以免成为办公室的焦点,也容易给老板造成有问题员工的印象。

(2)办公室里最好不要抬杠。有些人喜欢争论,一定要胜别人才肯罢休。假如你实在爱好并擅长辩论,那么建议你最好把此项才华留在办公室以外去发挥;否则,即使你口头上胜过对方,其实是你损害了他的尊严,对方可能从此记恨在心,说不定有一天他就会用某种方式还以颜色。

(3)办公室里闲谈莫论他人是非。许多人喜欢在背后说别人的坏话,只要人多的地方,就会有闲言碎语。有时,你可能一不小心成为"放话"的人,你也可以是别人"攻击"的对象。这些背后闲谈,比如领导喜欢谁、谁最吃得开、谁又有绯闻等,就像噪音一样,影响人的工作情绪。聪明的你一定要懂得,该说的就勇敢地说,不该说的绝对不要乱说。

(4)办公室里不要展示自己的优越。有些人喜欢与人共享快乐,但涉及你工作上的信息,例如即将争取到的一个客户、老板暗地里给你发了奖金等,最好不要拿出来向别人炫耀;否则,只怕你在得意忘形中,忘了有些人眼睛已经发红。

(5)不要喋喋不休,独占谈话时间。许多人在与同事交谈中,总是将自己放在主要位置,自始至终一个人独唱主角,喋喋不休地推销自己,滔滔不尽地诉说自己的故事。有个名人说过，漫无边际的喋喋不休无疑是在打自己付费的长途电话。这样不但不能表现自己的交谈口才，反而令人生厌。"一言堂"不能交流思想，不能增进感情。交谈时应谈论共同的话题，长话短说，让每个人都充分发表意见，留心别人的反应，这样才能融洽气氛，钟情相悦。正如亚历山大·汤姆所说："我们谈话就像一次宴请，不能吃得很饱才离席。"

（6）不要尖酸刻薄，尽量不和人抬杠。言谈交际中，有时不免与同事争论，但善意、友好的争论更能促进彼此间的了解，活跃交际环境，起到调节气氛的作用，有时一场精彩的争辩会令人荡气回肠，齐声喝彩。但是，尖酸刻薄、烽烟四起的争辩会伤害人，导致心情不爽、望而生叹、敬而远之。

（7）勿逢人诉苦，少散布悲观情绪。在人的一生中，每个人都会遇到挫折和苦难，但每个人对待的方式不同：有的人迎难而上；有的知难而退；有的人将苦难带来的愁苦传染给别人，在众人面前条陈心酸，以获同情。在与同事的交际中一味地诉苦，会让别人觉得你没魄力、没能力，会失去别人对你的尊重。

（8）不要装万事通，不要显得聪明过人。在与同事的言谈中，谈话的内容往往涉及天文、地理、历史，以及哲学等古今中外、日月经天、江河行地般的话题。如果你在交谈中表现出"万事通""耍大能"，到时一定会打自己的嘴巴，砸自己的脚。因为交谈是相互了解、相互交流的方式，而不是表现学识渊博、见识广泛的舞台。更何况老子说过："言者不知，知者不言。"交谈中什么都说的人其实什么都不知道。

三、与客户交谈的技巧

拜访客户的工作是一门集营销艺术、广告宣传、语言表达为一体的综合活动。多元化产品订货量的多少，新品种产品的推广程度，不仅取决于产品自身的吸引力、广告的渗透力，而且很大程度上取决于我们语言上的表达能力。因此，掌握一些谈话的技巧，提高讲话的质量，对我们来说是非常有必要的。

在现今的工作模式下，要想实现畅通的交流，提升自身的谈话技巧，就必须把握好谈话的方式及特点。

（1）谈话内容要充实周到。这是谈话的先决条件。这就要求我们在推销商品的时候，不能单纯地谈论商品的品种、数量和价格，还要了解所推销商品的各项内在指标，要清楚商品的优缺点以便于更全面、更详尽地向客户介绍商品。

（2）谈话内容要真实具体。这是取信于人、树立自身形象的关键。首先，谈话不要吞吞吐吐，说一些似是而非的话，要一是一、二是二，把要表达的意思说清楚，尽量让客户明白你的意图，客户才有可能按你的意愿做事。其次，不能弄虚作假，要讲求真实。无论做人还是做事，付出真诚才能换取真诚。

（3）谈话方式要简洁干脆。幽默干脆的谈话可以吸引客户，并能引出更多的话题；诙谐幽默的谈话可以使谈话的气氛更加活跃轻松，即使偶有争执，一句幽默的话也胜过十句苍白的辩解。当然，幽默是出于自然的，多一分便成为油滑，少一分便成为做作，这就要求我们平时要注重自身学习，多方涉猎，提高自身谈话的含金量。

（4）谈话方式要因人而异。对不同身份、不同性格的人采取不同的谈话方式和策略，是实现谈话目的的关键。服务对象可以说是三教九流、无所不包，这就要求掌握他们的性格特点、了解他们的志趣爱好，投其所好，对症下药，从他们感兴趣的话题入手，以此作为一个重要的切入点来实现谈话的目的。

（5）谈话结果要言行一致。不能轻易向客户许诺，但许下的诺言必须付诸行动。"君子讷于言而敏于行"，许下诺言就一定要守信履行。一次违约毁信，就有可能将你个人乃至整个企业的信誉给毁掉。

总之，高质量的谈话是实现谈话目的的首要条件。掌握并熟练地运用谈话的技巧，肯定会取得事半功倍的效果。提升自身的谈话技巧，会更有利于自身业务能力的提升，能以更加良好的业务水平去服务客户，更加有效地拉近客户与公司的距离，提升客户对公司的忠诚度。

任务训练：

（1）小李想参加学生会副主席的竞选，在征得班主任同意后，到校团委王老师处联系，了解具体要求及事项，王老师接待了他。请以小李的身份演练这次拜访活动。

（2）在你努力出色地完成任务后，领导不但没有表扬你，反而批评了你，你辩解了几句，领导却认为你在狡辩。你该怎么办？

（3）当你正在电话中向下属单位的一位态度很不冷静的同志解释政策时，领导过来要同你谈话。你该怎么办？

（4）小李是大学刚毕业的新老师，对最新的教育理论有较深的研究，讲课也颇受同学们的欢迎，以致引起一些任教多年但却缺乏这方面研究的老教师的强烈妒忌。为了改变自己的处境，他应该怎样做？

（5）小姜毕业才一年多就提了业务经理，"真了不起，大有前途呀！祝贺你啊！"同事小叶"十分钦佩"地说。小姜该怎样回答？

（6）某厂净水器推销员小李姑娘带着样品及有关宣传品按响了王大娘家的门铃。请以这一情境为材料，完成净水器推销成功的推销训练。

（7）某厂生产出一种电脑桌椅，现要派推销员去百货公司推销。请你帮忙设计出推销方式。

评价标准：

（1）能针对不同对象、不同场合选择不同的谈话方式，迅速得体地表达。
（2）能准确根据对方心境表达，有针对性，说服力强。
（3）善于激发他人的需求并采取购买行为，准确抓住对方个性特点，灵活采取不同的表达方式和推销手段。

任务十二　职业岗位、工作任务及专业产品的介绍训练

任务提出：职场中职业岗位、工作任务及专业产品的介绍。

任务目标：1. 熟知自己专业领域所用的词汇、常用语。
2. 具有一定的介绍、描述行业知识或操作讲解所需的语言表达能力。

任务分析：1. 通过分专业而进行的各行业职业口语的模拟实训，使学生感知并掌握专业领域语言行为的一般规律。
2. 养成特定的职业口语风范和从业规范。
3. 掌握作为一名从业者应具备的职业言语技能；拥有职场人际沟通能力，为专业实训、实习做好充分的准备；能够在毕业之后较快进入职业角色。

基础知识

职业岗位、工作任务及专业产品的介绍技巧

一、职业岗位、工作任务介绍

一般在介绍职业岗位、工作任务时需要包括以下几个方面：
（1）职业定义；
（2）从事该职业需要具备的文化水平、身体条件、健康状况等；
（3）需要具备的职业素质和技能要求；
（4）该职业的具体分类以及相应所要达到的标准；
（5）主要的岗位职责、工作任务；
（6）月薪情况；
（7）职业前景。
下面是我们选取的几个职业岗位，分别介绍如下。

酒店餐饮部经理

餐饮部经理就是指在餐饮酒店业的餐饮部门实施管理、组织员工为顾客提供餐饮服务的部门负责人。

一名合格的餐饮部经理应具有酒店管理专科或国际酒店管理"酒店餐饮经理"级资格认证；有五年以上餐饮行业相关经营、管理工作经验，掌握餐饮管理基本理论以及餐饮业相关法律和制度。此外，还应了解餐饮行业各类菜系、食品，对餐饮市场有较全面的认识。

作为餐饮部经理，首先要制定出各类工作目标、餐饮营销计划和管理措施，领导本部门员工积极完成各类餐饮接待任务和经营指标。要对员工队伍的建设作为部门工作的重要环节来抓。作为餐饮部经理，须根据下属的工作性质制定出不同的工作流程和服务标准，并依据建立起的各项规章制度，抓组织、抓落实。

其次，要对员工开展岗位业务培训，进行专业化施教与交流，以提高员工素质，从而不断提高餐饮服务质量。

第三，掌握市场信息是赢得市场的先决条件。餐饮部门要定期召开部门例会，对工作人员所做的市场调研、客户需求与意见进行汇总，仔细分析经营状况，适时地调整部门餐饮品种的销售组合，以满足客户需求。以优质的服务、优质的产品为酒店吸引更多的客商纷至沓来。

作为餐饮部经理，还应能认真、有序地组织和安排大型团体就餐和重要

宴会的接待工作，使宾客们乘兴而来，满意而归。

餐饮部门是整个酒店的一部分，餐饮部经理应按照工作程序做好与相关部门的协调联系，以自己部门工作的有条不紊保证整个酒店正常运作，保障酒店的利益和荣誉。

餐饮部经理需要具备的基本素质与技能如下：

① 具有酒店管理专科或国际酒店管理"酒店餐饮经理"级资格认证；

② 具有敏锐的观察力，有较强的市场拓展能力、学习能力、创新意识，有良好的文字和语言表达能力；

③ 有一定的英语基础，计算机操作熟练。在涉外酒店工作，须英文口语良好，能用英语进行交流；

④ 有较强的责任感与事业心，良好的沟通、综合分析能力及组织能力。

目前，一名餐饮部经理的市场工资指导价位：

低位数：2 500~3 500 元/月；

中位数：3 500~4 500 元/月；

高位数：4 500 元以上/月。

软件工程师

软件工程师主要职责是对软件前期的项目需求进行分析，对项目进行风险评估并试图解决这些风险，然后开始进行软件的开发，后期对软件的进度做出相关的评估。

工作内容如下：

（1）指导程序员的工作；

（2）参与软件工程系统的设计、开发、测试等过程；

（3）协助工程管理人保证项目的质量；

（4）负责工程中主要功能的代码实现；

（5）解决工程中的关键问题和技术难题；

（6）协调各个程序员的工作，并能与其他软件工程师协作工作。

软件工程师是从事软件开发相关工作的人员的统称，是一个广义的概念，包括软件设计人员、软件架构人员、软件工程管理人员、程序员等一系列岗位。这些岗位的分工不同，职位和级别不同，但工作内容都是与软件开发生产相关的。软件工程师是 IT 行业需求量最大的职位，稳居 IT 行业职位需求TOP10 的第一位（第二位是高级软件工程师）。软件工程师的技术要求是比较全面的，除了最基础的编程语言（C 语言/C++/JAVA 等）、数据库技术（SQL/ORACLE/DB2 等）、.NET 平台技术、C#、C/S B/S 程序开发，还有诸多如JAVA SCRIPT，AJAX，HIBERNATE，SPRING，J2EE，WEB SERVICE，STRUTS等前沿技术。除此之外，关于网络工程和软件测试的其他技术也要有所涉猎，以利于操控全局。软件工程师可谓是软件项目开发的掌舵者。一名优秀的软件工程师应当具有较强的逻辑思维能力，对于技术的发展有敏锐的嗅觉。虽然要求技术全面，但无须偏执于门门技术都精通。任何软件工程师都有自己的技术特长和偏向，对于自己手中的技术，可有精通、掌握、熟悉、了解之分，一般是根据工作需要和职业发展的具体情况来划分。

当今社会，不论什么职业都需要一个不断学习的环节，软件工程师也一样。虽然软件工程师的工作不同于程序员，但是一个软件工程师其前身必定是一个优秀的程序员。软件的开发工具、开发技术在不断地发展，只有在完全理解了相应的基本技能之后你才能很轻松地掌握新的技能，软件技术都是一个循序渐进的过程。所以，学好学校所能提供的专业课程是相当重要的。

软件工程师的就业职位归结下来主要有WEB开发工程师、数据库开发工程师、网站开发工程师、电子商务开发工程师VB程序员；网页开发人员；非IT专业信息部门的管理信息系统设计、开发、维护职位，JAVA程序员；C++程序员；VB高级程序员；网站开发工程师、测试工程师；文档编写工程师；JAVA工程师；NET工程师；初级分析、设计人员等。

二、专业产品介绍

（1）关键点：使用该产品能给他带来什么好处？哪些好处又是您现在正需要的？

（2）向用户介绍产品的一般步骤：先介绍某类产品的功能，再介绍本产品的特点，接着将本产品特点与消费者关注的利益点联系起来，最后解答一些技术问题与售后服务问题。在向用户介绍产品时，最难的是要判断用户的关注点或利益点。

（3）一个好的推销员应该借鉴华佗的治病箴言："望、闻、问、切"，来向用户和消费者推销产品。

望：观察客户，一眼识别客户的层次、素质、需求、喜好等；

闻：听客户的叙述，必须给客户表白的时间，耐心地听，认真地听，客户是没有耐心为你多讲几遍或重要的地方反复强调，有些时候客户甚至会自然不自然地隐藏他的真实需求，这就更需要闻的艺术；

问：客户只知道他目前需要购买东西解决问题，却不知买什么与怎样做，这就需要推销员担当策划师的角色，为他们提供全面、准确、最适合的策划

方案,如何做好这个策划,就需要多了解客户需求,不然就只能提供最好的,却不一定能提供最适合的;

切:实际考察客户的状况,从真实中了解。客户的表白、回答都不一定是正确的,适当的时候,业务员需要实地考察客户的状况,比如装修,可能就需要上门观察后再为其制订装修方案。

(4)不要让对方说"不"的技巧。有些推销新手常不知道怎样开口说话,好不容易敲开顾客的门,却只是硬邦邦地说:"请问你对××产品感兴趣吗?""你买不买××商品?"等,得到的回答显然是一句很简短的"不"或"不要"。然后呢?又搭不上腔了。

那么到底有没有不让对方说"不"的办法呢?美国有种科学催眠术:就是在开始时,首先提出一些让对方不得不回答"是"的问题,这样多次回答就可以在真正催眠时,使客户形成想回答"是"的心理状态。

推销员的开场白也是一样。首先提出一些接近事实的问题,让对方不得不回答"是"。这是一种与顾客接触的最佳方法,非常有利于销售成功。"推销出容易被别人接受的话题,是说服别人的基本方法!"所以对陌生的顾客,最好先谈一些商品以外的问题,谈得投机了以后再进入正题,这样让人容易接受。还有一种简单的方法是:时时赞美顾客,如,观念、精力、成绩……让顾客有一种满足感、成就感,逐步达到催眠的效果。

下面是某一软件产品的介绍。

膳食和运动分析指导系统

一、简 介

"膳食和运动分析指导系统"是北京耀华康业科技发展公司最新推出的适合家庭用的营养配餐软件,是专为携带 UX 系列知己能量监测仪的用户开发的,目的是为了让用户更好地掌握自己的膳食运动情况,通过软件智能计算和互动式的自主调控膳食结构功能,能方便快速的分析用户膳食结构。系统以平衡膳食宝塔的摄入要求为基础,通过直接输入的能量监测仪显示的每日运动热量,将实际发生的人体运动消耗作为进行计算建议食物摄入的主要依据,其计算依据和精度要远远高于市场上其他的有关营养分析软件。

二、主要功能

(1)能量消耗计算:用户可以输入实际运动方式和时间,系统自动计算每天所进行的活动所消耗的能量;如果有能量监测仪,则可直接输入运动量。

(2)按实际运动量配餐:系统根据用户实际的运动能量值,自动计算该日应该摄入的热量。

（3）按建议运动量配餐：系统根据用户的身高、体重等信息，计算出每日的建议运动量，同时自动计算该运动量情况下应该摄入的热量。

（4）互动配餐：所谓互动配餐，是指在确定的膳食结构和营养搭配标准情况下，通过动态图形直观地显示标准值与实际发生值的对比情况，用户每改变1克食物重量，图形均可显示出该食物重量变化后对膳食结构和营养搭配比重的影响，从而指导用户通过互动方式选择食物的最佳重量，迅速达到理想配餐。当所选食物产生的营养素超过标准值或缺少某种必要食物时会发出提醒。

（5）智能配餐：用户可以只选择需要摄入的食物，软件会根据已确定的膳食结构和营养搭配标准情况智能计算这些食物的重量，使其立即达到理想的膳食结构和营养搭配标准值。

（6）简易配餐：如果用户不想选择品种过多的食物，软件会根据用户的身高体重以及实际运动消耗，直接计算出八大类食物的重量。

（7）配餐输出：在建议摄入的情况下，可以显示和打印配餐结果，并可以选择患有糖尿病、高血压等疾病情况下的膳食运动处方。

三、操作说明

1. 登录界面

双击"膳食分析指导系统.exe"图标，出现如下系统登录界面。

2. 登　录

第一次登录，用户需要点击"新建用户"按钮，系统出现如下界面；通过此界面，用户可以建立个人基本信息档案；按添加后，系统会自动计算用户的体重指数，在以后的计算中会考虑该因素。

第二次登录时，用户可以通过用户列表选择上次建立的用户，直接进入能量消耗计算窗口即可。

3. 计算运动量

建档或者直接选择用户后，出现运动能量消耗计算窗口：

（1）选择运动方式，输入该运动方式下的运动时间，系统则计算出该日的运动总量；

（2）如果有能量监测仪，则点击下图箭头处后，输入能量监测仪值；

（3）如果当天已经进入过一次本系统，如果想再次进入系统，了解以前的运动膳食情况，按"直接进入"即可。

在此界面中，用户可进行下面的操作。

4. 膳食分析

（1）进入配餐界面后，用户可以在此界面中，输入自己当日的膳食情况，系统会自动分析其是否合理。

（2）进行分析的时候可以按照八大类来进行分析，用户也可以按照自己具体摄入的食物，在列表框中选择对应食物进行录入。

（3）录入完毕后，用户通过系统显示图例，可以直观看出自己膳食摄入是否合理。

（4）如果想了解用户实际摄入的食物是否合理，可以修改或增、删具体食物。

（5）选择"常用食物表"，选择具体食物，点击鼠标左键两下，该食物即被选入。

（6）也可写入食物的拼音缩写来挑选食物。

（7）输入食物重量后，按回车键，系统立即计算该食物所含热量，同时计算出所有选择食物的总共热量。

（8）待食物选择完毕后，用户可以通过左下角柱状图来分析摄入食物是否合理；图中蓝色图柱表示系统建议值，蓝色图柱旁边的其他颜色图柱分别表示用户当日摄入食物的总量以及三大营养素的热量。

5. 日记保存

（1）如果用户想保存自己输入的膳食日记，那么可以点击主界面中的"保存"，系统就将此次录入保存为当天日记。

（2）如果用户录入的不是当天日记，想存为其他日期的膳食日记，那么可以通过点击"膳食日记"按钮，然后选择窗口左下角的日期列表框来进行选择要保存的日期。

6. 配　餐

配餐是指系统根据用户体重状况（分为消瘦、偏瘦、正常、超重1、超重2等几种情况）来合理设置负平衡，并在考虑此负平衡的前提下配制合理量的食物，供用户在下一阶段的膳食过程中作为参考。系统提供下面两种配餐方式。

（1）简易配餐（只是配置出八大类食品）：进入配餐界面后，点"简易配餐"按钮，系统会根据用户当日运动消耗情况，按照平衡膳食宝塔原则自动配制出合理的八大类食品。

（2）智能配餐（用户可以自行选择食物进行合理配置）：

① 进入配餐界面后，用户可先通过食物列表选择自己实际摄入的食物名称，双击鼠标左键，食物即被选入右侧表中，然后继续选择需要的食物；

② 待食物选择完毕后，点击"智能配餐"按钮，系统将会根据用户体格特征情况，自动计算用户选择每种食物应该摄入的量，以求摄入和消耗平衡合理。

7. 删除食物

如果用户错误选择某种食物，那么可以在右侧列表中选中错误选择的食物，此时如果选择"是"，那么系统会将用户选中的食物从列表中删除，然后用户重新点击"智能配餐"按钮，系统将重新计算。

注意：以上删除某项食物的功能，也可以通过点击"食物删除"按钮实现。

8. 配餐输出

当系统为用户配置了合理的膳食方案后，用户可以通过"配餐输出"功能，对食谱进行打印输出，在配餐输出中，除了系统为用户配制的膳食方案外，还有一些实用的小常识，此功能用户可以通过点击主界面中"配餐输出"按钮实现。（注意：当主界面中最左侧按钮在"按实际运动量配餐"状态时，配餐输出按钮不能使用，因为只能对按"建议运动量配餐"的配餐进行输出，此时，用户只需将按钮状态调整至状态，就可以进行配餐输出）

9. 其他功能

（1）餐次管理。用户通过点击菜单"帮助与选项"？"选项"？D？D"餐次管理"，可对系统录入时的餐次信息以及三大营养素百分比进行设置。

（2）膳食禁忌。膳食禁忌中给出了医学膳食禁忌常识，对用户非常有实用价值；用户可通过菜单"膳食指南"？D？D"食物禁忌"调出此功能模块：

在此窗口中，用户可以通过左上角下拉列表选择食物类别，然后在左侧下方列表框中选择各种食物进行查看。

（3）食物功效。食物功效中给出了一些常用食物的功效特性常识，对用户非常有实用价值；用户可通过菜单"膳食指南"？D？D"食物功效"调出此功能模块。

（4）膳食指南。膳食指南中给出了一些特色食物的制作方法，用户可通过菜单"膳食指南"了解。

任务训练：

怎样做好客观介绍：

第一步：准备工作

这一步骤主要是要进行比较充分的前期资料准备。我们首先要了解各自专业的职业取向、就业面向岗位、需要具备的基本素质和技能、职业前景以及专业产品知识等，将这些整理成文字材料，然后我们需要将相关的重要内容背下来。

第二步：撰写文章

在初步了解了职业岗位、工作任务、专业产品相关资料以后，为了保证能

够充分消化吸收,并能够真正变成自己的东西,可以按照以下内容书写文章。

根据各自专业的职业取向,选取自己未来将要从事的或比较感兴趣的职业。文章的结构可以按照职业定义、工作任务、工作职责、具体分类以及专业产品的功能、特点、适合人群等进行安排。

第三步:朗诵

所谓朗诵,就是按照文章进行演说,要求不能看稿件,能够用自己的语言声情并茂地说给大家听。通过这种方式,我们可以相互学习不同专业的学生的介绍,观察哪个学生的介绍更加具有吸引力,还能够有效克服恐惧感,建立自信心。介绍过程中应当注意语气、语调、强调的内容以及礼貌用语等。

第四步:提问题

将学生分组,每六人一组,采取一人介绍其他人提问的形式,针对介绍内容进行提问。

评价标准:

能够准确地介绍、描述行业知识或操作过程,语言准确、流畅,表达条理清晰,逻辑性强。

任务十三　会议、研讨等公众场合的发言与演说训练

任务提出:会议、研讨等公众场合的发言与演说。
任务目标:1. 了解在会议和研讨等公共场合发言、讲话的要求和技巧。
　　　　　　2. 能够大方得体地在公共场合发言。
任务分析:1. 会议发言训练。
　　　　　　2. 演讲训练。

 基础知识

发言与演说技巧

例会,碰头会,洽谈会,总结会,竞聘会……开会是职场中最平常的事

120

情。很多职场人都是习以为常地去开会，被动地走入会场，其结果经常被大家所忽视。调查中，52.2%的职场人表示自己不愿意当众发言。

对于刚走出校园不久的职场新人，会议不仅是领导和同事考察你的场合，也是提升自己业务水平的平台，成功的发言会给领导和同事留下深刻印象，为你的职业发展打下良好的基础。如果开会时你永远坐在后排，埋头沉思，你可能在职场中也永远坐在最后一排。因此，开会时尽量做好会议发言的准备。

会议发言，有正式发言和即席发言两种：正式发言一般要有发言稿，发言顺序由主持者安排；即席发言没有发言稿，较为随意，发言时机由发言者自己把握。

一、即席发言的基本要求

1. 克服紧张情绪，积极发言

有的人平时说话很好，一到开会发言的时候就脸红心跳、支支吾吾、结结巴巴、大脑出现空白、语无伦次、手足无措、声音发颤、眼神飘移，想得好好的一大篇，到了发言时只能说出几句来。结果，让领导不满、同事反感；不仅自己苦恼，个人能力也受到质疑；还为自己的升迁空间设置了障碍，将严重影响到个人的职业形象、职场前景和职业生涯的发展。这种现象从心理学上说是一种"社交紧张情绪"，用通俗的话说就叫"怯场"。

怯场的原因是由于过分在意别人的注意、怕说错话，心理负担过重，导致暂时性的言语功能失常。最初几次在正式场合发言出现紧张应该说是正常的。但是，过了一段时间后还是这样，那就是问题了。因此，必须加强锻炼，努力提高自己在正式场合下的交往能力和语言表达能力。

怎样克服怯场情绪呢？

第一，要排除自我意识中的消极因素。有些人的怯场，是因为一些不必要的自我顾虑或自我担心等消极意识引起的，如担心"我讲得一定没有别人好"、"大家肯定会笑话的"。你越是想这些，心情就会越紧张；相反，一旦丢掉这些顾虑，充满自信地走上讲台，你的临场发挥就一定会相当出色。

第二，转移注意力。一般说来，在非正式场合说话，由于大家都比较随意、自由，同时你自己并没有感觉别人都在注意你，所以说话自然、随意，甚至很幽默。但到了正式场合，由于大家都看着你，竖起耳朵听你讲，你就会觉得大家都在注意你的讲话内容，评论你的讲话水平，于是就会格外紧张，一紧张就会支支吾吾、结结巴巴。因此，消除紧张的关键是你别在意别人是否注意你，要像平时一样说话。例如，在第一次讲话时，最好不去看别人，把注意力集中在讲话上，这样你就不会太紧张，话就能讲好。等到不再紧张后，你就可以和听众进行视线交流了，于是你的讲话就能达到较好的效果。

第三，不要对发言的效应期望过高。在思想上不要把正式场合的发言与自己的进步联系过于紧密，这也是减轻和消除紧张的重要方法。实际上，班务会上的讲话只代表自己的学习体会、认识、决心，这些都只是当时的思想言论，对自己的进步会有某些影响，但不会是决定性的因素。一个人是否能进步重在于行，而不取决于言。所以，你初次讲话不要刻意要求自己一鸣惊人，更不要把自己的发言看得过重，只有这样，你才能壮起胆子发言。

第四，加强心理训练。消除正式场合言语紧张的状况，还可进行心理行为训练。首先，可以采取"放松训练"，即每次讲话之前闭上眼睛，做做深呼吸，放松一下肌肉，这可以缓解紧张情绪。其次，可以进行"承受力训练"，即越怕在正式场合讲话，就越有意识地到正式场合讲话，讲多了就习惯了，也就不会害怕了。此外，还可以进行"脱敏训练"，即先照本宣科，等适应之后，再逐步脱离讲稿，然后完全脱稿，最后进行即兴讲演。

第五，认真细致地做好发言准备也很重要。俗话说，"有备无患"、"艺高人胆大"。要说些什么、怎么说，都要想好，然后逐字逐句地写在纸上。有时间的话还可以先进行练习，反复练讲几遍，直到确实熟悉了要讲的内容。当然，最重要的还是平时要加强学习，不断丰富自己的知识。心里有底了，负担就减轻了，到正式发言的时候也就不会再紧张了。

2. 发言的风度

（1）忌吐字不清、普通话不准确、方言太重。

（2）忌声音太小，像蚊子在叫。

（3）忌声调一致，声音没有落差，缺乏抑扬顿挫。

（4）忌语速太快或节奏过慢。

（5）忌站立不规范、不稳当，身体摇晃，两肩不平，两脚分开宽过两肩。

（6）忌使用攻击性、不礼貌的手势。

（7）忌目光不敢与听众交流，只盯一处，或看天看地、飘忽不定。

（8）忌眨眼过于频繁。

（9）忌表情单一、没有变化。

（10）忌停顿时没有表情，或目光呆滞。

（11）忌不能控制笑。

（12）忌拿稿时挡住面孔，使人看不到表情。

3. 发言的时机掌握

第一个时机：根据参加会议的人数与被要求发言的人数估计，争取在前1/3的时间段（或发言人数段）发言为妥，此时发言为最佳机会。因为，在最前面发言时，往往是即兴发言，考虑欠周到，对会议组织者要求的发言提纲领会可能还不深刻，需要有一个短暂的思考过程。匆忙发言，有时难以达到既能正确表达个人思想，又能引起与会者重视的目的。而如果拖到后面发言，则往往是重复别人在前面讲过的观点居多，发表自己新观点少，不能引起与会者对自己观点的重视。因此，在前面的发言人已经有2~5位，后面需要发言的人还有更多，而自己已经做好充分准备时，就应当争取积极发言；否则，就会失去这个最佳时机。

第二个时机：当会议发言在开始冷场超过5分钟以上时，应积极发表初步意见，然后再争取继续在适当时机第二次发言。一般说来，发言的思想准备有5分钟时间应当可以完成。如果大家都冷场，说明发言有难度。此时发言，体现了敢为人先的精神，容易受到大家的注意。此时发言，准备充分可以多讲，准备不充分可以做出稍后继续发言的申明。

第三个时机：当会议处于争执状态时，最好不发言，如果有机会，则须待争执停止后，于后面发言。由于前面有争执，大家的思想处于激动状态，不能冷静思考，待冷静后即时发言，大家也都能接受，可以取得共识与尊重。

4. 发言的内容要求

（1）会议发言的内容要点：

① 要注意得体，所谓得体，就是与会议组织者所要求的发言提纲吻合，如果言不对题，就是不得体。

② 观点正确，包括依据充分，有事实、有道理。如果观点正确，又是新观点，则更加引人注目。

③ 发言精练，要根据会议时间长短、发言人数多少，掌握发言的时间。但在大多数情况下，发言时间宜短不宜长，不要过多地讲别人已经讲过的观点，不要过多地重复强调自己的某个观点，否则容易变成王大妈的裹脚布——又臭又长。会议的发言要抓住问题的实质，提议要尽量明确，还应引用相关的事实、数据、实例加以必要的说明。

(2) 发言内容四忌：
① 忌跑题、主题不突出。
② 忌语句啰嗦，缺乏条理性，内容混乱，没有概括性。
③ 忌假话、大话、空话。
④ 忌赘言、口头语太多，如，就是说、这个、那个什么……

5. 发言中的应变能力

在发言过程中，经常会有会议参加者提问，此时发言者应礼貌作答，对不能回答的问题，应机智而礼貌地说明理由，对提问人的批评和意见应认真听取，即使提问者的批评是错误的，也不应失态。

发言应变能力二忌：
① 忌缺乏应变、抗干扰的能力。
② 忌不敢幽默、不能控制气氛。

二、即席发言的技巧

即席发言，即没有现成的稿子，也来不及认真准备，全靠现场思考主题、组织语言和临场发挥。即席发言是一门学问，但并非高深莫测，只要掌握了即席发言技巧和语言表达规律，就能给人留下深刻印象，获得成功。

即席发言是一种事先没能充分准备而在特定场景的诱发下或他人提议下而临时决定的发言。它具有临时性、突发性、触发性和时间紧迫性等特点，可以反映出发言者的思维能力、组织能力、工作能力、即兴语言表达能力以及性格、风度等。社交活动中，即席发言是免不了的。即席发言是一个紧张而复杂的思维过程，难度较大，但只要发言者掌握了一定的即席语言技巧，就能临阵不慌、从容地面对不同的场合和听众，进行恰如其分的讲话。

1. 选好发言主题

要在"临阵磨枪"时做到又快又光，选择好话题十分重要。

（1）现场提炼。现场提炼主题就是抓住所在场合发生的有关事件，或利用现场环境的布置、氛围，选准一点，迅速组合。这样能显得随和、亲切，没有生硬感，很容易被听众接受。

战争年代有许多领导同志，不受任何讲稿的制约，利用短暂的时间在田间地头、房前屋后或练兵场上，讲得有声有色，听者津津有味而顿生奋发向前之感。例如，1929年9月的一天，向井冈山进军的红军战士正忙着给群众挑水。当时部队战斗失利，战士情绪不稳，大家看到毛泽东同志便请他讲话。毛泽东同志指着院里的大水缸说："现在蒋介石好比一只大水缸，我们红军好比一块石头。我们这块石头一定能砸破蒋介石这只大水缸。"毛泽东现场提炼，临场发挥，讲得横生妙趣，并把话题引向了深入，达到了鼓劲、宣传之目的。

（2）受他人启发。当你和其他人在同一个场合需要先后发言时，恰恰你又不是第一个讲，这时要细心听他人发言，寻找自己的话端，酝酿新观点。当轮到你发言时，就应注意不要重复别人讲过的话。如果前面发言的是领导，即可说"刚才领导的讲话非常全面、非常深刻，我的体会有这么几点……"

（3）换角度思考。即席发言如果老生常谈，听众就会感到厌烦。特别是在他人之后发言，记住不要人云亦云。如果转换角度，就可以另辟蹊径，出奇制胜。例如，在纪念抗日战争胜利55周年的座谈会上，不少人都是从日本帝国主义侵略中国的罪行谈起，然后谈我们如何不能忘记国耻。有一位姓孙的副司令员发言时则转换角度说："不错，日本侵略者是罪恶滔天，可我要说，他们打得好！"他停顿了一下，接着说："因为小日本把我们打醒了，让我们明白了国弱就要受欺，落后就要挨打的道理。"

（4）设置问题。如果一时尚未确定话题，可借助这样的提问来明确话题：怎么办？说什么？怎么说？现场有什么可说的？现场能联想出什么？自己有什么感受？还有什么问题可以补充？有价值的主题往往就形成于有价值的问题之中。

（5）从别处借鉴。俗话说"台上一分钟，台下十年功。"拥有广博的知识、丰富的材料是即席发言的先决条件。常言道：处处留心皆学问。从广播、电视、报纸、杂志上看过的资料，或自己经历过的事情等都可拿来引入话题。或风土人情，或新闻轶事，或诗词警句，信手拈来，由此切入正题，可起到事半功倍的效果。例如，某人关于讲普通话的发言是这样开头的："你们大家可能知道不会讲普通话会影响交流、交际的道理，可听说过由于不会说普通话被警察抓起来的故事吗？（众笑）可真有其事啊。事情是这样的：两个四川打工青年，到了某城市的银行门口，看见有警察下车就想上前问路，但看到警察带着枪就有些害怕，于是两个人互相推让说：'你开腔'，'不，还是你开腔'。'你开腔吧'，'不，你开腔'。他们的对话被警察听到了，于是立即把他们抓了起来。后来一问才知道，他们说的'开腔'，是开口讲话的意思，而警察还以为他们要'开枪'抢银行的送款车呢。"这样引出话题，可使听众产生浓厚的兴趣。

另外，选择话题时应注意的问题：对于不知道的事情不要冒充内行；不要在公共场所谈论别人的缺陷；不要谈容易引起争论的话题；不要到处诉苦发牢骚。

2. 考虑听众的心理

社交场合的发言，为了达到社交目的，还需设法创造出一个和谐、融洽的氛围。所以，即席发言不能只从自己的兴味出发，还要考虑听众的心理。

（1）喜欢精炼的发言。
（2）喜欢生动的发言。
（3）喜欢同感的发言。
（4）喜欢轻松的发言。
（5）喜欢新颖的发言。

例如，一位领导在下属婚礼上的发言是这样开头的：今天是2001年4月30日，是一个吉祥如意的好日子。二人成婚，双轮启动；一对新人，年华正茂；四季常青，月老作媒；三阳开泰，十分美满。这位领导巧妙地将数字运用到对新人的祝福中来，新颖有趣，给人留下深刻印象。

3. 快速地形成腹稿

在短暂的时间内先打个"腹稿"，根据所要表达的主题的需要，先讲什么、后讲什么，从什么话题引入，怎样结尾，怎样与下一个问题相衔接，事先设计好逻辑线索，做到胸有成竹，或总分、或并列、或层进，尽量把思路理通。注意说话的逻辑性和层次感，要简明扼要，不要絮叨冗长。

4. 巧于应变

社交场合，发言过程中可能会遇上猝不及防的情况，应对不当，往往令人难堪。巧于应变，能扭转局面并展示个人良好的修养、敏捷的思维和灵巧的口才。

1935年在巴黎大学的博士论文答辩会上，主考人向陆佩如先生提出了一个怪问题："《孔雀东南飞》这首古诗里，作者为什么不说'孔雀西北飞'呢？"问题一提出，答辩会场上顿时有些动静，旋即又都静了下来，一齐把目光投向了陆佩如。陆佩如心想：作为艺术描写，说孔雀东南飞，西北飞，都是可以的。但如果这样认真地照直说，会使主考官受窘，认为自己所提的问题近于无知和荒唐。于是，他灵机一动，做了一个奇怪的回答："西北有高楼。"

这个回答非常巧妙。满座的老师放声大笑，连连称赞。原来，古诗十九首里有这样的诗句："西北有高楼，上与浮云齐。"陆佩如巧于应变，顿使答辩会上充满了活泼气氛。

良好的谈吐可以助你成功，即席发言对每一个人来说都非常重要。即席发言的技巧是多方面的，在社交活动中不断钻研和实践这门学问很有意义。

三、竞聘演讲的要求

人们在工作和生活中，为了获取某一职位，充分展示自己的水平，使"英雄有用武之地"而进行的一种竞赛性演讲，其强烈的竞争性是它最突出的特点，其实质就是要充分展示自己的优势，吸引听众，争取听众，让听众更加全面、深入地了解自己并信赖自己，壮大自己的支持者的阵营，最终实现获得理想的职位。竞聘演讲不是纯粹性的即兴演讲，通常要有一定的准备。

1. 竞聘演讲的内容

（1）自我介绍，张扬个性，展示优势，用事实说话。
（2）对竞聘工作提出自己独到的见解、打算和工作思路。
（3）表明态度，进一步突出个性，显示信心，表明决心。

2. 竞聘演讲的要求及策略

（1）竞聘职位要明确，有的放矢。
（2）表达自我要真诚，不讲大话。
（3）了解民心要认真，诚心诚意。
（4）认清工作要务实，不讲空话。
（5）语言表达讲技巧，突出个性。

四、自我工作情况介绍

在调资、晋级、入党、入团等会议上，常常需要做自我工作情况介绍，以便让人们进一步了解自己在工作中取得的成绩和存在的不足，使他人能对自己做出公正的评价。然而，介绍工作情况也并非是一件容易的事，稍有不当就会被扣上"狂妄"的帽子，或有"自吹自擂"之嫌。因此，在实事求是地对工作情况作介绍的基础上，还必须注重语言技巧的运用。

（1）控制语气、语调。语气是指说话时的口气，语调是指说话的腔调，主要指一句话里语音高低轻重的配置。在作"自我介绍"时，最好多用陈述语气，例如，"我×年×月×日在×校毕业，获硕士学位。几年来，我先后发表过一些文章。"等等。这时一般不用感叹句或祈使句。但是，你如果这样介绍："我这篇文章啊，在××学会评上了优秀奖，这连我自己也不敢相信啊！""关于这一点，请你们去查看××材料。"就给人一种不可一世、盛气凌人的感觉。在语调上，介绍者最好少用高亢、激昂的语调，即使手捧"小结"，也不要像在课堂上朗读范文那样抑扬顿挫，富于表情。介绍者的语调，以轻松而又平和为宜，给人一种自然、谦逊的感觉。

（2）提供的信息要适量，该说的话要说得充分，不该说的话就不要说。介绍者要根据要求来进行介绍，如教师晋级时介绍情况，可谈政治思想、教学工作量、工作态度、教学效果、科研成果等情况，而且每一项都应该进行充分的介绍，不可偏废。又如，有人在介绍自己的科研成果时，一再强调科研的重要性，说："作为高校教师，科研是必不可少的，我认为这次评职称，科研应占重要地位。一个人取得的科研成果如何是至关重要的。"这些话对于一个普通的介绍者就是多余的，因为科研成果在评职称中占多大比重，上级和有关部门自有考虑，这是政策性问题，介绍者是无法左右的，上面这些话只能让人感到你另有目的，而对那些科研成果不佳者无疑是个打击，令人不快，容易失去群众。

（3）掌握好时间。介绍自己的工作情况往往要受到时间的限制，即使无时间要求，介绍者自己也要有个时间观念，不要使时间拖得过长让别人感到你是在借机表现自己而引起反感。要在有限的时间内将自己要告诉别人的内容说完，就得先对自己要讲的内容做周密的考虑，对语言逻辑乃至词语进行反复推敲，要做到：条理清晰，重点突出，语言简洁明了，防止面面俱到。

任务训练：

1. 分析下面各种场合发言的优缺点

（1）在一次班会上，小李在毫无准备的情况下，突然被主持人指名给大家说几句话或就某个问题发表看法。小李这样说："主持人让我说几句，我没准备，也没什么说的"。

（2）在一次先进经验交流会上，有位不善言谈的先进人物在介绍经验时只低着头说了句"我实在没啥说的"就面红耳赤地下去了。

第三部分 职场语言应对训练

（3）一位主编在"钻石表杯"业余书评颁奖会上的即席发言："今天，我参加'钻石表杯'业余书评授奖会，我想说的只有一句话，钻石代表坚韧，手表意味时间，时间显示效率，坚韧与效率的结合，这是一个人读书的成功所在，一个人的希望所在。谢谢大家！"

（4）在一个部门的协调会上，副主任先发言，之后员工小张接着发言，她说："刚才主任的讲话非常全面、非常深刻，我的体会有这么几点……"；小张发言后，同事小刘发言："刚才小张的讲话很重要，我想再补充几点……"；之后，主任发言："大家把该讲的都讲了，我想再强调几点……"。

（5）一位新上任的妇联主任在就职时发表即兴演说，既没讲当前形势也没说今后措施；既没谈妇女的地位，也没讲计划生育的意义，而是面对全村妇女爽快地说："大伙选我当妇女的头儿，算是瞧得起我，请婶子大娘姑娘姐妹们放心，我也是女人，也有丈夫，有家，也怀孕生过孩子，我知道哪些利益该为咱妇女去争，哪些事该为咱妇女去干。我先试着干一年，干不好，大伙再另选别人。"

（6）有一次在北京密云水库建设工地上，周恩来同志即席讲话说："这座水库坐落在首都东北，居高临下，就如同放在首都人民头上的一盆水，一旦盆子倒了或漏了，撒出大量的水来，人民的衣服是要被打湿的。"

（7）加拿大总理特鲁多访华，他在我国政府为其举行的欢迎宴会上说："昨天我观赏了香山枫叶，使我想起了我们国家美丽的秋天。那枫叶也是我国秋天的美景。大家知道，枫叶还是加拿大国旗上的图案。我请大家尝尝宴会上的糖果，它是从枫叶中提炼出来的，是不是和北京东风市场上的果脯一样甜蜜。"

（8）薄熙来在大连"佳能杯"日语演讲比赛上的即席发言：大家下午好，很对不起，来晚了。其实我来早了也没用，因为我也不懂日语。（笑声）我好佩服吕万山会长和张兴宁主任，他们从一开始就坐在这里聚精会神地听你们的演讲比赛，好像他们也很懂日语。（大笑）上次日语演讲比赛时，我就表态今后要学几句日语。遗憾的是，到现在还没有开始学。所以，一想到你们要举行演讲比赛我就上火。（笑声）当然，我在日常工作中天天接触日语，也学了几句。很不好意思，主要都集中在饮食方面，比如：生鱼、海胆、辣根、拉面、涮牛肉、好吃。（大笑）我觉得，日语演讲比赛越办越好，今年的规模比去年又扩大了，大礼堂里坐满了人。看到这么多人，我有两个相反的想法，一是这么多人都懂日语，说明日语挺好学，我也应该学；另一想法是这么多人学，那我还学什么，到处都是我的翻译。（大笑）尽管我对日语不通，但是我能感觉出来，大连同日本经济、文化界的联系日益加强，学日语很有好处。

我可以用一句话来概括我今天对你们演讲比赛的评价"思巴拉希"。（大笑，长时间鼓掌）我想起来了，我还会一句日语，并以此来结束我的讲话"沙扬娜拉"。（笑声、掌声）

（9）婚礼晚会上，许多朋友让新郎介绍恋爱经过，新郎说："本新郎姓张，新娘姓顾。我俩尚未认识时，我东'张'西望，她'顾'影自怜。后来我'张'口结舌去找她，她左'顾'右盼等着我。到认识久一点，我便明目'张'胆，她也无所'顾'忌。于是，我便请示她择日开'张'，她也欣然惠'顾'。"

案例10：美国总统奥巴马曾遇上了一件令他相当尴尬的事情。在视察曾经多次遭受飓风影响的新奥尔良市时，一位9岁的小男孩向奥巴马提问说："我很想知道，为什么人们会讨厌你呢？他们应当爱你才是啊。上帝是仁慈的。"奥巴马显然对这个问题颇感意外，他思考了一会儿后郑重其事地回答说："这个问题也正是我想阐明的。我是位民选总统，因此并不是所有人都讨厌我，我赢得了大多数选票。"他接着又说："如果你晚上喜欢看电视的话，你就会发现似乎每个人都不怎么讲道理。因此，你不能完全相信别人所说的话。你要知道，这就是所谓的政治。"奥巴马机智地扭转了被动局面。（应变能力）

2. 阅读竞聘演讲案例，分析其结构内容，评析其得体的语言

各位领导、各位同志：

大家好！

参加竞聘之前，我一直在想：我应不应该参加这次竞聘？思索再三，我想，我愿意把这次竞聘当成争取多尽一份责任的机遇，更愿意把这个竞聘过程当做我向各位老师学习，接受各位评判的一个难得的机会。因此，我是鼓着十二分的勇气，来参加竞聘的。

我知道，要成为一名合格的科研室干部不容易，要成为转型期的科研室干部更不容易。我之所以鼓起勇气参加科研室主任的竞聘，首先缘于我对教育科研事业的热爱和执着。我相信，一个人，只要他执着地爱自己的事业，他就一定能把他的事业做好。当然，也如各位所知，我也有过一些科研管理工作经历，积累了一些工作经验。有人说，经历是一笔财富，而我更愿意把自己的经历当做一种资源，一种在我今后的工作中可以利用、可以共享、可以整合的资源。

当然，我更清楚，成绩也好，经验也罢，它只能说明过去，并不能证明未来。假如我能竞聘成功，我将努力扮演好以下几种角色：

一是以身作则,当好科研兴校的"领头雁"……。
二是立足本职,当好领导决策的"参谋者"……。
三是脚踏实地,当好教师科研的"服务员"……。
四是与时俱进,当好学校科研的"管理员"……。
五是甘为人梯,当好青年教师的"辅导员"……。

说到这里,我想起了阿基米德的一句名言:"给我一个支点,我可以撬起整个地球。"但在这里,我不敢高喊这类豪言壮语,我只想表达一个愿望,那就是:给我一个舞台,我会为学校的发展尽一份责任。

【评析】 这是一段竞聘"校科研室主任"的演讲。开头部分:开宗明义,点明竞聘的目的,而且谦虚得体;接着,阐述优势与成绩,简单而又不乏说服力,给听众留下不炫耀、不浮夸的好印象;然后,对今后工作角色进行总结,体现出务实的态度和求实的精神,颇具感染力和说服力;结尾处充满激情和号召力,为竞聘演讲画上了一个圆满的句号。

3. 情景模拟训练

(1) 竞选演讲:
① 训练内容:竞聘班级干部演讲。
② 课前准备:指定一名主持人和一名总结发言人。其余学生3人一组,共同策划竞选角色,写出竞选演讲稿,一人准备发表演讲。
③ 课上训练:组织学生进行模拟竞聘班级干部的演讲;学生相互评价,选出最佳竞选小组、最佳演讲稿、风度最佳演讲人。

(2) 座谈会发言:
① 课前准备:策划一次学生座谈会,主题为"校园礼仪"。15人为一组,每组指定一名主持人,一名同学负责总结,其余学生准备发言。
② 课上进行分组座谈。
③ 教师对每组同学的表现做出评价和指导意见,由大家选出最佳座谈小组。

评价标准:

在会议研讨等公众场合发言有没有怯场表现;发言的风度怎样;发言的内容是否得体;发言中的应变能力如何。

参考书目

[1] 张昱. 实用语言表达能力. 武汉：华中科技大学出版社，2008.
[2] 周彬琳. 实用口才艺术. 大连：东北财经大学出版社，2010.
[3] 陈健民. 说话的艺术. 北京：语文出版社，1994.
[4] 李国英. 口语表达艺术. 沈阳：辽宁大学出版社，2005.
[5] 邵美华，由娜. 口语训练教程. 北京：机械工业出版社，2008.
[6] 王光华. 实用口才交际训练. 北京：机械工业出版社，2010.
[7] 张波. 口才训练教程. 北京：机械工业出版社，2007.
[8] 张波. 口才与交际. 北京：机械工业出版社，2008.